~ FAIT MAISON ~
BON & SAIN
RECETTES TESTÉES À LA MAISON

# SUPERALIMENTS

~ FAIT MAISON ~

BON & SAIN

RECETTES TESTÉES À LA MAISON

# SUPERALIMENTS

CLÉMENCE ROQUEFORT

Photographies : Aimery Chemin
Stylisme : Coralie Ferreira

hachette
CUISINE

# SOMMAIRE


Préface ........ **6**

Introduction ........ **8**

Idées de menus ........ **18**

RECETTES DE BASE ........ **23**

PETIT DÉJEUNER ........ **29**

BOISSONS ET SMOOTHIES ........ **51**

FINGERFOOD ET GRIGNOTAGE ........ **79**

ENTRÉES ........ **105**

PLATS ........ **133**

DESSERTS ........ **159**

ANNEXES ........ **180**

- Index des ingrédients ........ **182**
- Table des recettes ........ **186**
- Table des matières ........ **188**

# PRÉFACE

On entend de plus en plus parler de ces superaliments ayant des effets miraculeux sur notre santé grâce à leur valeur nutritive exceptionnelle. Spiruline, baies de goji, chou kale, acérola..., autant d'aliments aux noms intrigants et exotiques que l'on voit fleurir dans les rayons de nos pharmacies et de nos magasins d'alimentation biologique, mais que l'on ne sait bien souvent pas trop comment utiliser.

Si beaucoup se contentent d'ajouter une cuillerée de spiruline dans leur smoothie ou de parsemer leur salade de fruits de baies d'açaï, je vous propose ici d'allier santé et gourmandise dans des super-recettes généreuses. Des salades, des soupes mais aussi de délicieux desserts, des petits déjeuners santé ou encore des assiettes complètes, vous trouverez dans ce livre de nombreuses idées pour utiliser ces aliments magiques tout au long de la journée !

Vous l'aurez compris, les superaliments sont extraordinaires grâce à leur concentration en vitamines, minéraux, oligoéléments, protéines, acides gras essentiels, etc. Mais si leur consommation est excellente pour votre santé, n'oubliez pas de les associer à des fruits et légumes de saison, de préférence locaux et idéalement issus de l'agriculture biologique (pensez à bien éplucher vos fruits et légumes si ce n'est pas le cas). Vous verrez que les fruits et légumes sont au cœur des recettes de ce livre et qu'ils vous apporteront les vitamines et nutriments nécessaires à votre bien-être.

Consommés depuis des millénaires dans certains pays pour leurs effets thérapeutiques, ces superaliments ont été transmis de génération en génération, nous léguant ainsi le témoignage de différents peuples, de leur mode de vie et de leur médecine. Vous apprendrez grâce à ce livre à intégrer ces aliments dans vos menus de la manière la plus naturelle possible pour une alimentation saine et gourmande.

**Clémence Roquefort**

# INTRODUCTION AUX SUPERALIMENTS

**PAR MARIE-LAURE ANDRÉ, DIÉTÉTICIENNE***

Des « superaliments » : en voilà un drôle de qualificatif ! Existerait-il des aliments supérieurs aux autres ? Eh bien, oui ! Sans aller jusqu'à des superpouvoirs, il s'agit d'aliments dotés de propriétés exceptionnelles, ou dont la teneur en éléments nutritifs indispensables pour la santé est particulièrement élevée par rapport aux autres aliments.
Aujourd'hui, les méthodes agricoles sont intensives : il faut produire plus et plus vite ! Alors les aliments sont parfois cultivés hors sol, dopés aux engrais et généralement cueillis avant maturité. Résultat : leur teneur en éléments nutritifs (vitamines, composés antioxydants, oligoéléments...) est parfois médiocre, surtout quand il s'écoule beaucoup de temps entre leur production et leur consommation ! Tous ces éléments sont pourtant indispensables à la santé et quand ils font défaut, les risques de carence nutritionnelle sont plus élevés. Pour avoir plus d'énergie au quotidien, renforcer le système immunitaire (et passer l'hiver en forme !), mais aussi pour améliorer la santé cardiovasculaire ou renforcer la protection contre les cancers, il est vivement recommandé d'intégrer régulièrement des superaliments dans votre alimentation. Ils sont le petit « plus » qui fait toute la différence ! Inutile de vous gaver de compléments alimentaires ou de comprimés multivitaminés : les superaliments vous apportent tout ce dont vous avez besoin naturellement ! Et quoi de plus naturel que de les inclure directement dans vos menus ? Pour cela, voici des recettes savoureuses, pour les repas du quotidien et pour les menus de fêtes.

* **Marie-Laure André** est diététicienne en milieu hospitalier depuis plus de quinze ans où elle s'est spécialisée dans la prise en charge nutritionnelle de l'insuffisance rénale, du diabète et de l'obésité. Passionnée par l'alimentation-plaisir et par l'alimentation-santé, elle est l'auteure de plusieurs ouvrages de diététique et de recettes.

# TABLEAU DES SUPERALIMENTS

| PROPRIÉTÉS | QUANTITÉ CONSEILLÉE |
|---|---|
| **AIL** | |
| Propriétés anti-inflammatoires et anticancéreuses.<br>Protège des maladies cardiovasculaires, notamment grâce à l'alliine qu'il contient (propriétés vasodilatatrices). | 2 gousses par jour au maximum. |
| **ALGUES** | |
| **Agar-agar :** riche en fibres solubles qui gonflent dans l'estomac (effet coupe-faim efficace) ;<br>Régule l'absorption des sucres et permet donc de mieux contrôler le diabète ;<br>Réduit l'absorption des graisses (intéressant pour la perte de poids). | 5 à 10 g par jour au maximum. |
| **Chlorelle :** propriétés détoxifiantes ;<br>Permet de réduire la pression artérielle ;<br>Soulage les symptômes de la fibromyalgie. | 5 à 10 g par jour au maximum. |
| **Klamath :** extrême richesse en protéines, fer, calcium, composés antioxydants… ;<br>Présence de vitamine C (absente dans la spiruline). | 5 à 10 g par jour au maximum. |
| **Spiruline :** extrême richesse en protéines, fer, composés antioxydants et acides gras essentiels… ;<br>Propriétés antitumorales ;<br>Protection cardiovasculaire, anti-inflammatoire et antivirale… | 5 à 10 g par jour au maximum. |
| **BAIES : ACÉROLA, AÇAÏ, MYRTILLE, CANNEBERGE, GOJI** | |
| Extrême richesse en vitamine C et en composés antioxydants (bien plus riches que les autres fruits).<br>Antifatigue.<br>Renforcent le système immunitaire. | 1 cuil. à café à 1 cuil. à soupe par jour. |
| **CACAO** | |
| Riche en composés antioxydants et en substances qui agissent sur l'humeur en réduisant le stress (magnésium, théobromine, phényléthylamine…).<br>Stimulant physique. | 10 à 20 g par jour. |
| **CHOUX (KALE, BROCOLI, FRISÉ…)** | |
| Riches en vitamines C et B9, en fibres et composés antioxydants qui protègent des cancers.<br>Contient aussi du calcium végétal biodisponible. | 1 ou 2 fois par semaine. |
| **CURCUMA** | |
| Riche en composés antioxydants.<br>Stimule la digestion.<br>Propriétés anticancéreuses et anti-inflammatoires. | ½ cuil. à café dans les préparations 2 ou 3 fois par semaine. |
| **GELÉE ROYALE** | |
| Effet tonifiant et antifatigue.<br>Renforce le système immunitaire.<br>Réduit les symptômes de la ménopause. | 10 ml par jour, en cure de 3 semaines. |

| PROPRIÉTÉS | QUANTITÉ CONSEILLÉE |
| --- | --- |
| **GINGEMBRE** | |
| Riche en composés antioxydants, en cuivre et en manganèse. Propriétés anti-inflammatoires.<br>Facilite la digestion.<br>Réduit les nausées de la grossesse. | 1 pincée dans les préparations<br>1 ou 2 fois par semaine. |
| **GRAINES** | |
| **De chanvre :** riches en acides gras oméga-3 (protection cardiovasculaire) ;<br>Protéines de bonne qualité. | 1 cuil. à soupe au maximum<br>par jour, ou 4 ou 5 graines. |
| **De chia :** riches en acides gras oméga-3 (acides gras essentiels), en protéines et en fibres : réduisent le risque de maladie cardiovasculaire et facilitent le transit intestinal. | 1 cuil. à soupe au maximum par jour, ou 4 ou 5 graines. |
| **Noix :** riches en acides gras oméga-3 (acides gras essentiels), en composés antioxydants et en arginine qui facilite la circulation sanguine. | 1 cuil. à soupe au maximum par jour. |
| **GRAINES GERMÉES** | |
| Apports d'enzymes qui facilitent la digestion et l'assimilation des nutriments.<br>Apport de vitamines et de minéraux non présents dans la graine non germée. | 2 ou 3 fois par semaine. |
| **SARRASIN** | |
| Pseudo-céréale sans gluten.<br>Contient un prébiotique qui stimule la croissance des bonnes bactéries dans l'intestin et des composés antioxydants.<br>Effet hypocholestérolémiant. | 2 ou 3 fois par semaine. |
| **SOJA (LAIT OU TOFU)** | |
| Protéines végétales d'excellente qualité, graisses végétales insaturées, calcium, phosphore.<br>Sans lactose ni gluten ni cholestérol.<br>Effet hypocholestérolémiant.<br>*Attention cependant aux phyto-œstrogènes pour les femmes enceintes.* | 2 ou 3 fois par semaine. |
| **THÉ MATCHA** | |
| Extrême richesse en composés antioxydants.<br>Le thé matcha se présente sous forme d'une poudre qui est intégralement consommée, contrairement au thé classique qui est infusé. | 2 ou 3 fois par semaine. |
| **URUCUM** | |
| Provitamine A qui prépare la peau au soleil (teneur 100 fois plus riche que les carottes) en limitant ses effets sur le vieillissement.<br>Favorise la fabrication de la mélanine.<br>Cuivre, zinc, sélénium. | 1 cuil. à café par jour au maximum. |

## L'ÉQUILIBRE AVANT TOUT

Bien sûr, avant d'intégrer des superaliments dans vos menus, assurez-vous que vous mangez équilibré ! Leur efficacité s'en trouvera redoublée !

Voici quelques règles simples et faciles à appliquer au quotidien :

- **Faire 3 repas par jour** + éventuellement une collation dans l'après-midi (fruit frais, yaourt...) ;
- **Consommer des légumes à chaque repas :** crudités, légumes cuits ou soupe, à vous de choisir en fonction de vos goûts !
- **Consommer 2 ou 3 fruits de saison** par jour (ou compotes ou fruits cuits) ;
- **Consommer un féculent à chaque repas** : pain, pâtes, riz, pommes de terre, légumes secs, quinoa...
- **Consommer un aliment riche en protéines** 1 ou 2 fois par jour : viande, poisson, œufs, soja ;
- **Limiter la consommation** de sucre ajouté, de sel et de matières grasses ajoutées (beurre, crème, huiles) ;
- **Boire de l'ea**u le plus souvent possible : c'est la seule boisson indispensable à la vie !

## PLUS DE COMPOSÉS ANTIOXYDANTS

Les antioxydants sont des composés très variés : polyphénols, carotènes, flavonoïdes, lutéine, vitamine C, vitamine E... présents de façon abondante dans les fruits et les légumes, mais aussi dans le cacao, le thé, les algues, les huiles végétales, certaines céréales... Ces substances jouent un rôle très important dans l'organisme : elles permettent de lutter contre les radicaux libres, tels de véritables « pare-balles ». Les radicaux libres sont générés lors du fonctionnement normal de l'organisme mais la pollution, le tabac ou encore l'exposition prolongée au soleil augmentent leur production, ce qui entraîne le « stress oxydatif ». Les antioxydants permettent de lutter contre le vieillissement prématuré de la peau et constituent de véritables boucliers face aux maladies (cardiovasculaires, neurodégénératives, cancer...).
Pour mieux protéger l'organisme, il s'agit avant tout de varier l'alimentation, de donner sa préférence

aux aliments de saison et de consommer régulièrement des aliments riches en antioxydants : thé vert matcha, baies rouges (açaï, canneberge...), curcuma, légumes verts, tels que les choux...

### LE SAVIEZ-VOUS ?

Le thé matcha contient jusqu'à cent fois plus d'antioxydants que le thé vert classique.

## PLUS DE NUTRIMENTS « ESSENTIELS »

Certains nutriments sont dits « essentiels », car ils doivent absolument être apportés par notre alimentation. Et pour cause : notre organisme ne sait pas les synthétiser tout seul ! Il s'agit des acides aminés essentiels (présents dans les protéines) et des acides gras de la famille des oméga-3, présents dans les poissons et certaines graines (noix, graines de chia, de chanvre) et huiles végétales (huiles de soja, de noix, de colza, de cameline...). Si nos besoins en acides aminés essentiels sont généralement couverts par la consommation quotidienne de viande, poisson, œufs et céréales, les oméga-3 nous font souvent défaut, surtout si notre consommation de poisson est insuffisante ou si nous utilisons des huiles végétales pauvres en oméga-3 (huiles de tournesol, d'arachide, d'olive...). Les risques de maladies cardiovasculaires sont alors augmentés, sans oublier les troubles de l'humeur qui peuvent aller jusqu'à la dépression. Pour pallier cette carence, pensez à intégrer régulièrement dans vos menus des noix, des graines de chia ou de chanvre, mais aussi des algues (spiruline, klamath...) bien pourvues en oméga-3.

## PLUS DE VITALITÉ !

En comblant les déséquilibres, les superaliments donnent un coup de pouce appréciable aux changements de saison, mais aussi en période hivernale, quand notre organisme est au creux de sa forme. Les baies de goji, les grenades ou les canneberges, riches en vitamine C naturelle, boostent notre vitalité en apportant un coup de peps appréciable. Le cacao, riche en magnésium, réduit le niveau de stress et de fatigue, et sa théobromine permet d'améliorer la vigilance grâce à son effet stimulant reconnu. Les algues telles que la spiruline ou l'algue klamath apportent un panel de vitamines, de minéraux, de composés antioxydants et de protéines qui permettent, chez les sportifs, d'améliorer la récupération physique et, chez les végétariens et les végétaliens, de couvrir leurs besoins en certaines vitamines absentes du règne végétal.

## DES ALIMENTS QUI NOUS PROTÈGENT ET QUI NOUS SOIGNENT

Certains superaliments permettent de renforcer notre immunité naturelle pour mieux résister aux agressions virales ou bactériennes : c'est le cas de la gelée royale, des baies de goji, de l'acérola ou de la racine de maca. D'autres superaliments forment un véritable bouclier contre les maladies cardiovasculaires, grâce à leur effet hypocholestérolémiant (sarrasin, agar-agar, graines de chia, soja...), mais aussi grâce à leur teneur élevée en composés antioxydants (choux, baies rouges...). La chlorelle permet aussi de faire baisser la pression artérielle quand celle-ci est trop élevée. Grâce à leur concentration en composés antioxydants, les superaliments riches en antioxydants protègent l'organisme contre la formation de cellules cancéreuses.
Chez les personnes souffrant de diabète, certains superaliments ont des vertus hypoglycémiantes (ils permettent de réduire le taux de sucre dans le sang) : le curcuma, l'agar-agar ou les graines de chia.
Les algues, surtout la chlorelle, possèdent des propriétés détoxifiantes grâce à leur capacité à capter les métaux lourds (mercure, plomb...).
L'urucum est une poudre issue d'une plante très riche en bêtacarotène (jusqu'à 500 fois plus riche que la carotte !), antioxydant puissant qui permet de préparer la peau au soleil et de la protéger du vieillissement prématuré. Il apporte aussi du zinc, du cuivre et du sélénium, éléments qui aident à gommer les petits problèmes cutanés tels que l'acné.

### LE SAVIEZ-VOUS ?

Certains aliments ont même un pouvoir curatif reconnu : les baies de canneberge permettent par exemple de traiter efficacement les problèmes d'infection urinaire. L'algue chlorelle permet de soulager les symptômes de la fibromyalgie. D'autres superaliments ont des vertus anti-inflammatoires : l'ail, le curcuma ou le gingembre.

## EXISTE-T-IL DES RISQUES DE SURDOSAGE ?

La plupart des vitamines et composés antioxydants dont les superaliments regorgent sont éliminés quotidiennement et les risques de surdosage sont rares (ils peuvent être atteints lors de supplémentation au long cours, avec des comprimés, et rarement avec des aliments naturellement riches en ces vitamines). Mais soyons logiques : il n'est pas question de consommer tous les jours une panoplie complète de superaliments ! Variez les recettes qui suivent, respectez les quantités indiquées dans chaque recette : vous profiterez ainsi de leurs bienfaits sans risque de surdosage !

Pour allier plaisir et santé, pour rester en forme toute l'année, renforcer votre immunité ou augmenter votre protection face aux maladies, intégrez dans votre alimentation quotidienne des superaliments, 100 % naturels. Testez les recettes qui suivent et régalez-vous !

# IDÉES DE MENUS AUX SUPERALIMENTS

## MENU ÉNERGISANT

### PETIT DÉJEUNER :

**PETIT-DÉJEUNER À BOIRE, P. 32**

OU

**PETIT DÉJEUNER À L'AVOINE ET AUX BAIES, P. 36**

### EN-CAS :

**BOISSON ÉNERGISANTE À LA POIRE ET À L'ACÉROLA, P. 65**

### DÉJEUNER OU DÎNER :

**SALADE DE ROQUETTE, AVOCAT, MANGUE, NOIX ET GELÉE ROYALE, P. 126**

**CHUTNEY DE MANGUE À L'ACÉROLA, P. 146**

**FONDANT AU CHOCOLAT, GINGEMBRE ET ACÉROLA, P. 168**

# MENU ANTIOXYDANT

## PETIT DÉJEUNER :

## EN-CAS :

**PARFAIT AUX MYRTILLES, BAIES D'AÇAÏ ET BAIES DE GOJI, P. 38**

**THÉ GLACÉ À L'ACÉROLA, P. 54**

**COOKIES VEGAN AUX NOIX ET CANNEBERGES, P. 102**

## DÉJEUNER OU DÎNER :

**SALADE ESTIVALE, VINAIGRETTE À LA SPIRULINE, P. 106**

**RISOTTO AU BROCOLI ET À LA SPIRULINE, P. 144**

**GLACE AU LAIT D'AMANDE ET AU THÉ MATCHA, P. 178**

# MENU DIGESTION FACILE

## PETIT DÉJEUNER :

CHIA PUDDING, P. 44

JUS DE POMME AU GINGEMBRE ET À L'URUCUM, P. 72

## EN-CAS :

ROULÉS DE COURGETTE, CHÈVRE FRAIS, NOIX ET GRAINES GERMÉES, P. 80

## DÉJEUNER OU DÎNER :

ROULEAUX DE PRINTEMPS AU CURCUMA ET AU GINGEMBRE, SAUCE COCO-CACAHUÈTE, P. 118

POÊLÉE DE SARRASIN, GINGEMBRE, COURGETTES ET TOFU, P. 134

SALADE DE FRAISES AU GINGEMBRE, P. 162

# MENU RENFORT IMMUNITAIRE

## PETIT DÉJEUNER :

**GRANOLA À L'AMANDE ET AUX BAIES, P. 30**

**OU SMOOTHIE COCO, BANANE, MACA ET GELÉE ROYALE, P. 138**

## EN-CAS :

**CARRÉS D'AMANDE ET DE NOIX À L'ACÉROLA, P. 96**

## DÉJEUNER OU DÎNER :

**SALADE DE RIZ SAUVAGE, ORANGE, AVOCAT ET BAIES DE GOJI, P. 120**

**SPAGHETTIS AU PESTO À LA SPIRULINE ET AUX AMANDES, P. 138**

**CRÈMES AU CHOCOLAT ET AU MACA, P. 166**

# RECETTES DE BASE

# PRÉPARER DU LAIT DE CHANVRE

**POUR 1 LITRE DE LAIT**

**15 MIN DE PRÉPARATION**
**20 H DE TREMPAGE**

**TRÈS FACILE**
**COÛT €**

**MATÉRIEL**

Blender
Étamine

80 g de graines de chanvre entières • 1 litre d'eau minérale • Sirop d'agave (facultatif)

**1** La veille, mettez les graines de chanvre à tremper dans un récipient rempli d'eau pendant 20 h.

**2** Le lendemain, jetez l'eau de trempage et placez les graines dans le bol du blender avec l'eau minérale. Mixez pendant environ 1 min à puissance maximale.

**3** À l'aide de l'étamine, filtrez le liquide obtenu afin de supprimer les particules restantes. Les plus gourmands pourront ajouter 1 cuil. à soupe de sirop d'agave pour donner un côté sucré au lait.

### CONSEIL

Le lait de chanvre se conserve jusqu'à 4 jours au réfrigérateur et s'utilise comme tous les laits végétaux. Il vaut tout de même mieux le consommer cru, afin de conserver toutes ses propriétés.

### INFO NUTRITION

Le lait de chanvre est très riche en oméga-3. Il contient aussi des protéines et des acides aminés essentiels, du magnésium et de la vitamine E.

# PRÉPARER DU THÉ MATCHA

POUR 1 BOL

5 MIN DE PRÉPARATION

TRÈS FACILE
COÛT €

MATÉRIEL

Passoire
Fouet en bambou

Thé matcha

**1** Tamisez le thé matcha afin d'obtenir une poudre légère.

**2** Placez 2 cuil. à café de la poudre obtenue dans un bol à fond plat et versez 10 cl d'eau à 80 °C par-dessus.

**3** À l'aide du fouet en bambou (*chasen*) ou d'une petite fourchette, mélangez doucement en formant des M avec votre poignet, jusqu'à ce que le mélange soit bien homogène. La consistance doit être légèrement crémeuse et une fine couche de mousse doit se former sur le dessus. Retirez alors le fouet à la verticale pour ne pas casser la mousse. Le thé matcha est prêt à être dégusté.

# PRÉPARER DU KALE POUR UNE SALADE

POUR 1 CHOU

10 MIN DE PRÉPARATION
1 H DE REPOS

TRÈS FACILE
COÛT €

**MATÉRIEL**

Couteau ou ciseaux
de cuisine
Saladier

quelques branches de chou kale • Sauce de votre choix

**1** Lavez quelques branches de chou kale sous l'eau fraîche afin d'éliminer toute trace de terre. Ôtez la côte du chou (trop dure pour la dégustation en salade) pour n'en garder que les feuilles. Vous pouvez vous servir d'un couteau bien aiguisé ou bien d'une paire de ciseaux de cuisine.

**2** Hachez ensuite grossièrement les feuilles, puis déposez-les dans un saladier.

**3** Selon la recette, arrosez le kale d'une vinaigrette, d'une sauce bien crémeuse ou simplement d'huile d'olive et d'un peu de jus de citron.

**4** Massez ensuite vigoureusement les feuilles avec vos deux mains pendant au moins 3 min pour casser les fibres et attendrir le chou. Laissez-le ensuite reposer pendant 1 h avant de le déguster en salade.

## INFO NUTRITION

Le kale est le champion des choux tant sa richesse en composés antioxydants est élevée : vitamine A pour la vision, vitamine C antifatigue, flavonoïdes pour prévenir le vieillissement prématuré de la peau...

# FAIRE GERMER DES GRAINES

POUR 1 CUIL. À SOUPE DE GRAINES

10 MIN DE PRÉPARATION
12 H DE TREMPAGE
3 À 7 JOURS DE GERMINATION

TRÈS FACILE
COÛT €

**MATÉRIEL**

Germoir

1 cuil. à soupe de gaines à germer de votre choix (alfalfa, tournesol, etc.)

**1** Placez les graines à germer dans le germoir et recouvrez-les d'eau. Laissez-les tremper pendant environ 12 h.

**2** Égouttez les graines, rincez-les soigneusement à l'eau claire, égouttez-les de nouveau et laissez-les légèrement humides dans le germoir.

**3** Placez ensuite le germoir dans un endroit tempéré (20 °C). Les graines doivent être toujours humides mais ne pas stagner dans l'eau. Rincez-les trois ou quatre fois par jour comme vu à l'étape 2 jusqu'à ce qu'elles arrivent à maturité (voir Conseil ci-dessous).

**4** Vous pouvez ensuite intégrer les graines germées dans vos salades ou autres plats. L'essentiel est de les consommer crues.

### CONSEILS

Le temps de germination dépend des graines. Les graines d'alfalfa n'auront besoin que de 3 jours pour arriver à maturité, tandis que les graines de tournesol devront attendre environ 7 jours.
Vous pouvez fabriquer votre propre germoir à graines avec un bocal que vous recouvrirez d'un tissu aéré (tulle, moustiquaire...) maintenu par un élastique et que vous placerez en position oblique pour permettre l'écoulement de l'eau.

# PETIT DÉJEUNER

# GRANOLA À L'AMANDE
## ET AUX BAIES

POUR 1 GRAND BOCAL

10 MIN DE PRÉPARATION
30 MIN DE CUISSON

TRÈS FACILE
COÛT €€

MATÉRIEL

Bocal hermétique
d'1 litre de contenance

300 g de flocons d'avoine • 60 g de flocons de riz • 60 g de flocons d'azukis • 60 g de flocons de châtaignes • 100 g d'amandes grossièrement hachées • Une poignée d'amandes effilées • 4 cuil. à soupe de purée d'amandes • 2 cuil. à soupe de sirop d'agave • Une poignée de pépites de chocolat • Une poignée de baies de goji • Une poignée de canneberges • 3 cuil. à café de baies d'açaï

**1** Dans un saladier, mélangez tous les flocons et les amandes. Ajoutez ensuite la purée d'amandes et le sirop d'agave, et malaxez bien afin de répartir uniformément les ingrédients.

**2** Préchauffez le four à 180 °C (th. 6). Répartissez le mélange sur une plaque et enfournez pendant 30 min, en ayant soin de remuer toutes les 10 min. À la fin de la cuisson, le granola doit être doré. Laissez refroidir, ajoutez les pépites de chocolat et les baies, et placez le tout dans le bocal.
Fermez hermétiquement.

**CONSEIL**

Dégustez ce granola au petit déjeuner ou au goûter, avec du lait froid ou chaud.

# PETIT DÉJEUNER À BOIRE

POUR 2 GRANDS VERRES

10 MIN DE PRÉPARATION

TRÈS FACILE
COÛT €

MATÉRIEL

Blender

40 cl de lait d'amande • Le jus d'1 orange • 1 banane • 30 g de flocons d'avoine • Une poignée de canneberges • Une poignée de baies de goji • 2 cuil. à café de baies d'açaï • 2 cuil. à café de graines de chia

**1** Versez le lait d'amande et le jus d'orange dans le bol du blender. Ajoutez la banane épluchée et coupée en morceaux, les flocons d'avoine, les baies et les graines de chia. Mixez pendant 2 min à puissance maximale, jusqu'à l'obtention d'une texture homogène. Si vous souhaitez un mélange plus liquide, ajoutez un peu de lait d'amande. Dégustez très frais.

# PETIT DÉJEUNER À L'AVOINE
## ET AUX BAIES

POUR 1 BOL

TRÈS FACILE
COÛT €

10 MIN DE PRÉPARATION
15 MIN DE REPOS

60 g de flocons d'avoine • 10 cl de lait de riz • 50 g de fraises • 2 cuil. à café de miel ou de sirop d'agave • Une poignée de baies de goji • Une poignée d'amandes effilées • 2 cuil. à café de poudre de baies d'açaï

**1** Dans un bol, versez le lait sur les flocons d'avoine. Ajoutez le miel (ou le sirop d'agave) et laissez gonfler pendant environ 15 min.

**2** Lavez et équeutez les fraises et coupez-les en deux ou en quatre. Posez-les sur les flocons d'avoine gonflés. Parsemez de baies de goji et d'amandes effilées, et saupoudrez de baies d'açaï en poudre. Dégustez frais.

**INFO NUTRITION**

Les baies de goji sont très riches en composés antioxydants qui luttent contre le processus cancéreux. Pour profiter de leurs bienfaits, choisissez des baies « séchées naturellement au soleil ».

# GRANOLA AU SARRASIN,
## NOIX ET CACAO

POUR 1 GRAND BOCAL

10 MIN DE PRÉPARATION
30 MIN DE CUISSON

TRÈS FACILE
COÛT €€

MATÉRIEL

Bocal hermétique d'1 litre de contenance

**250 g de flocons de sarrasin • 150 g de flocons d'avoine • 50 g de flocons de châtaignes • 50 g de noix • 50 g d'amandes • 10 g de graines de lin • 10 g de graines de chia • 2 cuil. à soupe de cacao en poudre • 80 g de compote de pommes • 2 cuil. à soupe de purée de noisettes • 2 cuil. à soupe de sirop d'agave • Une poignée de pépites de chocolat**

**1** Dans un saladier, mélangez les flocons, les noix et les amandes grossièrement concassées, les graines et le cacao. Ajoutez ensuite la compote de pommes, la purée de noisettes et le sirop d'agave, et malaxez bien afin de répartir uniformément les ingrédients.

**2** Préchauffez le four à 180 °C (th. 6). Répartissez le mélange sur une plaque et enfournez pendant 30 min, en ayant soin de remuer toutes les 10 min. À la fin de la cuisson, le granola doit être doré. Laissez refroidir, ajoutez les pépites de chocolat et placez le tout dans le bocal. Fermez hermétiquement.

**CONSEIL**
Dégustez ce granola au petit déjeuner ou au goûter, avec du lait froid ou chaud.

**INFO NUTRITION**
En consommant ce granola, vous ferez le plein d'oméga-3 (noix, graines de lin et de chia), de protéines et de fibres (flocons de céréales, graines…) et de minéraux : magnésium, potassium, phosphore…

# PARFAIT AUX MYRTILLES, BAIES D'AÇAÏ ET BAIES DE GOJI

POUR 2 PERSONNES

15 MIN DE PRÉPARATION

TRÈS FACILE
COÛT €€

MATÉRIEL

Blender

10 cl de lait de coco • 50 g de framboises • 50 g de bleuets (myrtilles) • 1 cuil. à soupe de baies d'açaï en poudre • 1 cuil. à soupe de jus de citron • 1 cuil. à soupe de sirop d'agave • 150 g de granola à l'amande et aux baies (voir recette p. 30) • 200 g de yaourt à la grecque
POUR DÉCORER : quelques amandes entières • Quelques baies de goji • Quelques myrtilles fraîches (ou bleuets)

**1** Préparez le smoothie aux fruits. Dans le bol du blender, versez le lait de coco, ajoutez les framboises, les bleuets, les baies d'açaï, le jus de citron et le sirop d'agave. Mixez jusqu'à l'obtention d'une consistance homogène.

**2** Dans un récipient en verre, versez un peu de ce smoothie, saupoudrez de 2 cuil. à soupe de granola, recouvrez d'une couche de yaourt, d'une nouvelle couche de smoothie puis finissez avec du granola. Décorez de quelques baies de goji, amandes et myrtilles fraîches. Procédez de la même façon dans un second bol. Dégustez aussitôt.

**INFO NUTRITION**

Les myrtilles (ou bleuets) contiennent des flavonoïdes, composés antioxydants aux vertus anticancéreuses reconnues. Les flavonoïdes permettent également de lutter contre les maladies cardiovasculaires.

# BANANA BREADMUFFINS
## AU GINGEMBRE ET AUX GRAINES DE CHIA

POUR 12 MUFFINS ENVIRON

10 MIN DE PRÉPARATION
20 MIN DE CUISSON

TRÈS FACILE
COÛT €€

**MATÉRIEL**

Moules ou caissettes à muffins
Fouet
Presse-ail

2 œufs • 2 cuil. à soupe d'huile de coco • 2 bananes • 15 cl de lait d'amande • 200 g de farine • ½ sachet de poudre à lever • 100 g de sucre • 50 g de graines de chia • 3 cm de gingembre frais

**1** Dans un saladier, mélangez les œufs, l'huile de coco, les bananes épluchées et écrasées et le lait d'amande. Dans un second saladier, mélangez la farine, la poudre à lever, le sucre et les graines de chia. Incorporez le mélange sec au mélange liquide à l'aide du fouet.

**2** Épluchez le gingembre et pressez-le à l'aide du presse-ail. Ajoutez-le à la préparation précédente et mélangez jusqu'à l'obtention d'une texture homogène.

**3** Préchauffez le four à 180 °C (th. 6). Remplissez les moules ou les caissettes à muffins aux trois quarts et faites cuire au four pendant environ 20 min. Vérifiez la cuisson en piquant la pointe d'un couteau dans la pâte, elle doit ressortir sèche.

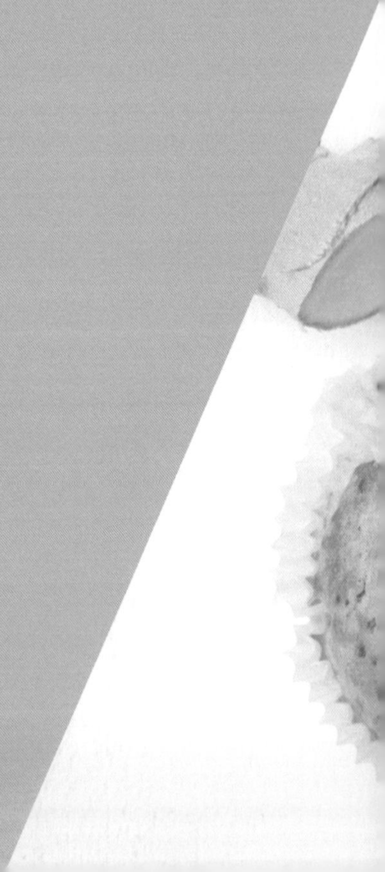

# CHOCOLAT À BOIRE
## AU CACAO, MACA ET CANNELLE

POUR 2 TASSES

TRÈS FACILE
COÛT €

5 MIN DE PRÉPARATION
8 MIN DE CUISSON

40 cl de lait de soja • 40 g de chocolat noir • 3 cuil. à soupe de cacao en poudre • 1 cuil. à café de cannelle en poudre • 2 cuil. à soupe de poudre de maca

**1** Dans une casserole, portez le lait de soja à frémissement et ajoutez-y le chocolat noir cassé en morceaux. Laissez-le fondre en remuant constamment et ajoutez le cacao et la cannelle. Laissez chauffer environ 5 min, jusqu'à ce que le mélange soit bien homogène.

**2** Hors du feu, ajoutez la poudre de maca et mélangez bien. Versez dans 2 tasses et servez bien chaud.

**INFO NUTRITION**
Le maca augmente la fertilité masculine et permet de réduire certains symptômes désagréables de la ménopause, notamment les troubles de l'humeur.

# CHIA PUDDING

POUR 2 PERSONNES

TRÈS FACILE
COÛT €

10 MIN DE PRÉPARATION
1 NUIT DE RÉFRIGÉRATION

250 g de yaourt • 6 cuil. à soupe de graines de chia • 20 g de cerneaux de noix + quelques-uns pour décorer • 20 g de baies de goji + quelques-unes pour décorer • 1 cuil. à café de vanille en poudre • 1 cuil. à soupe de sucre blond de canne

**1** La veille, mélangez le yaourt avec les graines de chia, la vanille et le sucre. Hachez grossièrement les noix et ajoutez-les au mélange avec les baies de goji. Mélangez, versez dans 2 bols, couvrez d'un film étirable et placez au frais toute la nuit.

**2** Le lendemain matin, avant de déguster, décorez les puddings de quelques cerneaux de noix et de quelques baies de goji.

**INFO NUTRITION**

Les graines de chia sont naturellement riches en fibres et permettent de lutter contre les problèmes de ralentissement du transit intestinal.

# MUFFINS À L'AMANDE
## ET AUX MYRTILLES

POUR 12 MUFFINS ENVIRON

10 MIN DE PRÉPARATION
20 MIN DE CUISSON
TRÈS FACILE
COÛT €€

**MATÉRIEL**

Moules ou caissettes à muffins
Fouet

**2 œufs • 15 cl de lait • 5 cl d'huile d'olive • 150 g de sucre blond de canne • 200 g de farine de blé • 80 g de poudre d'amandes • 1 sachet de poudre à lever • 100 g de myrtilles**

**1** Dans un saladier, mélangez les œufs, le lait et l'huile d'olive. Dans un autre saladier, mélangez le sucre, la farine, la poudre d'amandes et la poudre à lever. Incorporez le mélange liquide au mélange sec à l'aide du fouet. Ajoutez les myrtilles et mélangez.

**2** Préchauffez le four à 180 °C (th. 6). Remplissez les moules ou les caissettes à muffins aux trois quarts et faites cuire au four pendant 20 min. Vérifiez la cuisson en piquant la pointe d'un couteau dans la pâte, elle doit ressortir sèche.

# CRÈME BUDWIG AUX BAIES

POUR 1 PERSONNE

15 MIN DE PRÉPARATION

TRÈS FACILE
COÛT €

MATÉRIEL

Mixeur

**60 g de yaourt • 2 cuil. à café d'huile de sésame • 2 cuil. à café d'huile d'olive • 3 cuil. à café de canneberges et de baies de goji mélangées • 2 cuil. à café de riz • 2 cuil. à café d'amandes • Le jus d'½ citron • 100 g de fraises • 50 g de myrtilles**

**1** Versez le yaourt dans un bol et mélangez-le bien avec les huiles. Mixez les canneberges et les baies de goji, et ajoutez-les au yaourt. Moulez le riz jusqu'à l'obtention d'une poudre fine et mixez les amandes. Ajoutez-les au précédent mélange avec le jus du demi-citron et mélangez bien de façon à obtenir une crème homogène. Parsemez de fraises et de myrtilles lavées, et dégustez.

### CONSEIL

La crème Budwig contient tous les éléments nécessaires pour un petit déjeuner « santé » idéal. Et ce qui ne gâche rien : elle est délicieuse !

### INFO NUTRITION

La canneberge, ou cranberry, permet de lutter contre les infections urinaires et protège des caries en réduisant la formation de la plaque dentaire.

# BOISSONS ET SMOOTHIES

# MILKSHAKE AU CHOCOLAT
## ET AUX GRAINES DE CHIA

POUR 1 GRAND VERRE

5 MIN DE PRÉPARATION
5 MIN DE REPOS

TRÈS FACILE
COÛT €

MATÉRIEL

Blender

25 cl de lait d'amande • 2 cuil. à soupe de graines de chia • 2 cuil. à soupe de cacao cru en poudre • ½ cuil. à café de cannelle en poudre • 1 cuil. à soupe de sirop d'agave

**1** Moulez les graines de chia le plus finement possible et versez la poudre obtenue dans un bol avec 3 cuil. à soupe de lait d'amande. Laissez gonfler pendant 5 min.

**2** Dans le bol du blender, versez le reste du lait d'amande, le cacao, la cannelle, le sirop d'agave et les graines de chia gonflées. Mixez 30 s à puissance maximale avec quelques glaçons. Dégustez immédiatement.

### INFO NUTRITION

Le cacao cru, contrairement au cacao classique, n'a pas subi de torréfaction. Les composés qui font du cacao un superaliment (vitamines, substances antioxydantes), sont bien plus élevés.

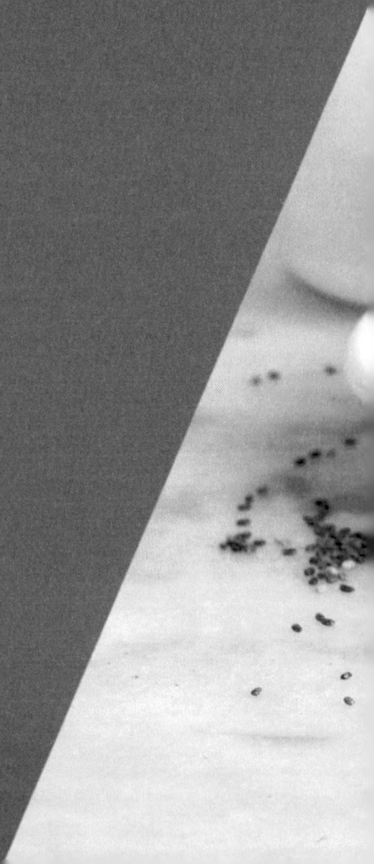

# THÉ GLACÉ À L'ACÉROLA

POUR 1 LITRE DE THÉ

5 MIN DE PRÉPARATION
2 H D'INFUSION
2 H DE RÉFRIGÉRATION

TRÈS FACILE
COÛT €

MATÉRIEL

Carafe

6 cuil. à café de thé vert • Le jus d'½ citron vert • 1 cuil. à soupe de sirop d'agave • 2 cuil. à café d'acérola en poudre

**1** Dans la carafe, versez 1 litre d'eau à température ambiante ; ajoutez-y le thé vert, le jus du demi-citron et son zeste. Mélangez et laissez infuser pendant environ 2 h, puis filtrez.

**2** Ajoutez ensuite le sirop d'agave et l'acérola en poudre. Mélangez bien et mettez au frais pendant au moins 2 h. Dégustez très frais avec de la glace pilée pour encore plus de fraîcheur.

# GREEN SMOOTHIE AU KALE ET LAIT DE CHANVRE

POUR 2 GRANDS VERRES
5 MIN DE PRÉPARATION
TRÈS FACILE
COÛT €

MATÉRIEL
Blender

15 cl de lait de chanvre (voir recette de base p. 24) • 4 feuilles de chou kale (environ 200 g) • 1 avocat • ½ concombre • Le jus d'½ citron vert • 30 g de noix de coco en poudre • Sel, poivre

**1** Préparez le lait de chanvre en suivant la recette de base page 24. Prélevez-en 15 cl.

**2** Versez le lait de chanvre dans le bol du blender. Enlevez la nervure centrale des feuilles de chou kale et hachez-les. Ouvrez l'avocat en deux, retirez le noyau, ôtez la peau et coupez la chair en morceaux. Épluchez le concombre et coupez-le également en morceaux.

**3** Placez le kale, l'avocat et le concombre dans le bol du blender, saupoudrez de noix de coco et arrosez du jus de citron vert. Salez et poivrez selon votre goût, et mixez à puissance maximale jusqu'à l'obtention d'un mélange homogène. Au besoin, ajoutez de l'eau pour obtenir la texture souhaitée. Dégustez frais.

# COCKTAIL RAFRAÎCHISSANT AU CONCOMBRE, CITRON ET GINGEMBRE

POUR 2 GRANDS VERRES

5 MIN DE PRÉPARATION

TRÈS FACILE
COÛT €

MATÉRIEL

Centrifugeuse
Blender

2 concombres • 5 cm de gingembre frais • Le jus d'1 citron • Un bouquet de menthe • Sel, poivre

**1** Épluchez les concombres et le gingembre, et passez-les à la centrifugeuse.

**2** Versez le jus obtenu dans le bol du blender avec le jus de citron et la menthe ciselée. Salez et poivrez. Mixez jusqu'à l'obtention d'un mélange homogène. Versez dans 2 grands verres avec des glaçons et dégustez très frais.

### VARIANTE

Vous pouvez ajouter un peu d'eau pétillante pour un cocktail encore plus rafraîchissant.

### INFO NUTRITION

Le gingembre possède des propriétés digestives, anti-inflammatoires et antinauséeuses, action particulièrement intéressante pour les femmes enceintes.

# SUPERSMOOTHIE AU KÉFIR

POUR 2 GRANDS VERRES

5 MIN DE PRÉPARATION

TRÈS FACILE
COÛT €

MATÉRIEL

Presse-agrumes
Blender

**2 oranges • 20 cl de kéfir • 2 bananes • 1 cuil. à soupe d'huile de coco • 20 g de canneberges • 20 g de baies de goji • 20 g de myrtilles • 2 cuil. à soupe de graines de chia**

**1** Pressez les oranges. Versez le jus dans le bol du blender, ajoutez-y le kéfir, les bananes épluchées et coupées en morceaux et l'huile de coco. Mixez rapidement, puis ajoutez les baies et les graines de chia. Mixez de 30 s à 1 min jusqu'à ce que le mélange soit homogène. Placez le smoothie au réfrigérateur. Servez très frais.

### INFO NUTRITION

Le kéfir est une boisson issue de la fermentation du lait ou du jus de fruits. Riche en probiotiques, il facilite la digestion et fortifie la flore intestinale, permettant ainsi de prévenir les désordres intestinaux.

# BOISSON CACAOTÉE
## AU LAIT DE CHANVRE

POUR 2 GRANDS VERRES
5 MIN DE PRÉPARATION
TRÈS FACILE
COÛT €

MATÉRIEL
Blender

60 cl de lait de chanvre (voir recette de base p. 24) • 3 cuil. à café de cacao cru en poudre • 2 cuil. à café de maca en poudre • 2 cuil. à soupe de sirop d'agave

**1** Préparez le lait de chanvre en suivant la recette de base page 24. Prélevez-en 60 cl.

**2** Dans le blender, versez le lait de chanvre et ajoutez le cacao et le maca. Sucrez avec le sirop d'agave selon votre goût et mixez pendant quelques secondes. Servez très frais dans 2 grands verres.

# BOISSON ÉNERGISANTE
## À LA POIRE ET À L'ACÉROLA

POUR 2 GRANDS VERRES

5 MIN DE PRÉPARATION

TRÈS FACILE
COÛT €

**MATÉRIEL**

Blender

20 cl de lait de soja • 2 poires • 3 cuil. à soupe de flocons d'avoine • 1 ½ cuil. à café d'acérola en poudre

**1** Dans le bol du blender, versez le lait de soja. Ajoutez les poires épluchées et coupées en morceaux, les flocons d'avoine et l'acérola en poudre. Mixez jusqu'à l'obtention d'un mélange homogène. Servez très frais dans 2 grands verres.

**INFO NUTRITION**
L'acérola est une source exceptionnelle de vitamine C, ce qui lui confère des propriétés antifatigue, cicatrisantes et stimulantes.

# JUS D'ORANGE AU GINGEMBRE
## ET À LA GRENADE

POUR 2 GRANDS VERRES

10 MIN DE PRÉPARATION

TRÈS FACILE
COÛT €

**MATÉRIEL**

Presse-agrumes
Centrifugeuse
Blender

3 oranges • 1 grenade • 2 cm de gingembre frais

1 Pressez les oranges. Passez les graines de grenade et le gingembre pelé à la centrifugeuse. Versez les jus recueillis dans le bol du blender et mixez. Servez très frais dans 2 grands verres.

**CONSEIL**
Pour récupérer facilement les graines de grenade, coupez les 2 extrémités du fruit, faites 6 entailles peu profondes dans la peau sans entamer la partie où se trouvent les graines. Remplissez un saladier d'eau, immergez la grenade et rompez-la en plusieurs morceaux au niveau des entailles. Épluchez la grenade sous l'eau, les graines resteront au fond du saladier tandis que les morceaux de peau remonteront à la surface.

**INFO NUTRITION**
La grenade est riche en tanins et en flavonoïdes, des antioxydants puissants qui lui confèrent des vertus anticancéreuses particulièrement marquées (pour la prévention du cancer et pour ralentir sa progression).

ACEROLA

# BOISSON RAFRAÎCHISSANTE AU CITRON, GINGEMBRE ET KLAMATH

POUR 2 GRANDS VERRES

5 MIN DE PRÉPARATION

TRÈS FACILE
COÛT €

**MATÉRIEL**

Presse-agrumes
Blender

1 citron jaune • 1 citron vert • 3 cm de gingembre frais • Un bouquet de menthe fraîche • 1 cuil. à café de klamath • 50 cl d'eau gazeuse

1 Pressez les citrons et versez-en le jus dans le bol du blender avec le gingembre épluché et coupé en morceaux, la menthe ciselée et la klamath. Mixez pour obtenir une consistance homogène, puis ajoutez l'eau gazeuse. Servez très frais, accompagné de glaçons.

**INFO NUTRITION**
La klamath est une micro-algue remarquable par sa richesse en protéines (70 %), vitamines (B9 et B12 surtout), oligoéléments et minéraux : chrome, manganèse...

# SMOOTHIE COCO, BANANE, MACA ET GELÉE ROYALE

POUR 2 GRANDS VERRES
5 MIN DE PRÉPARATION
TRÈS FACILE
COÛT €

MATÉRIEL
Blender

20 cl de lait de coco • 200 g de yaourt • 1 banane • 1 cuil. à café de maca en poudre • 1 cuil. à soupe de miel • 1 g de gelée royale

**1** Dans le bol du blender, versez le lait de coco. Ajoutez le yaourt, la banane épluchée et coupée en morceaux, le maca, le miel et la gelée royale. Mixez jusqu'à l'obtention d'une consistance homogène. Servez très frais dans 2 grands verres.

**INFO NUTRITION**
La gelée royale possède un effet tonifiant et antifatigue reconnu. Consommée régulièrement, elle permet de renforcer le système immunitaire.

# JUS DE POMME AU GINGEMBRE
## ET À L'URUCUM

POUR 2 GRANDS VERRES

5 MIN DE PRÉPARATION

TRÈS FACILE
COÛT €

MATÉRIEL

Centrifugeuse
Blender

4 pommes • 2 cm de gingembre frais • 2 cuil. à café d'urucum en poudre

**1** Coupez les pommes en quartiers et passez-les à la centrifugeuse ainsi que le gingembre frais épluché. Versez le jus obtenu dans le bol du blender avec l'urucum en poudre. Mixez jusqu'à l'obtention d'un mélange homogène. Servez très frais dans 2 grands verres.

**INFO NUTRITION**
L'urucum est extrêmement riche en bètacarotène qui permet de bien préparer la peau au soleil avant l'été.

# CHOCOLAT FROID
## AU SARRASIN ET À LA NOISETTE

POUR 2 GRANDS VERRES

15 MIN DE PRÉPARATION
1 NUIT DE TREMPAGE

TRÈS FACILE
COÛT €

**MATÉRIEL**

Passoire
Blender
Étamine

100 g de sarrasin • 30 g de noisettes entières • 50 cl d'eau minérale • 1 cuil. à soupe de sirop d'agave • 2 cuil. à soupe de cacao en poudre

**1** La veille, faites tremper le sarrasin et les noisettes dans une grande quantité d'eau pendant toute la nuit.

**2** Le lendemain, rincez le sarrasin et les noisettes, égouttez-les et placez-les dans le bol du blender avec l'eau minérale. Mixez pendant quelques minutes à forte puissance.

**3** À l'aide de l'étamine, filtrez le liquide obtenu afin de supprimer les particules restantes. Replacez le lait dans le blender avec le sirop d'agave et le cacao. Mixez rapidement. Réservez au réfrigérateur et dégustez très frais.

**INFO NUTRITION**

Le sarrasin est une pseudo-céréale sans gluten riche en fibres solubles qui permettent de lutter contre l'excès de cholestérol. Il permet aussi de stimuler la croissance et l'activité des bonnes bactéries intestinales grâce à son effet prébiotique.

# GREEN SMOOTHIE
## À LA POMME ET AU KALE

POUR 2 GRANDS VERRES

10 MIN DE PRÉPARATION

TRÈS FACILE
COÛT €

MATÉRIEL

Centrifugeuse
Blender

3 pommes • 80 g de chou kale • 3 cm de gingembre frais • 1 cuil. à café de cannelle • 1 cuil. à soupe de graines de chia

**1** Passez 2 pommes coupées en quartiers à la centrifugeuse ainsi que le gingembre frais épluché. Lavez le chou kale, enlevez la nervure centrale des feuilles et hachez-les grossièrement.

**2** Dans le bol du blender, versez le jus de pomme et de gingembre, ajoutez les feuilles de chou kale, la troisième pomme épluchée et coupée en morceaux, la cannelle et les graines de chia. Mixez à puissance maximale pendant 30 s en ajoutant de l'eau (environ 15 cl) jusqu'à l'obtention de la texture souhaitée. Servez très frais.

# FINGERFOOD ET GRIGNOTAGE

# ROULÉS DE COURGETTE
## AU CHÈVRE, NOIX ET GRAINES GERMÉES

POUR 20 ROULÉS ENVIRON

20 MIN DE PRÉPARATION

FACILE
COÛT €

**MATÉRIEL**

Épluche-légumes
Cure-dents

1 courgette • 100 g de chèvre frais • Une poignée de graines d'alfalfa germées • 20 g de cerneaux de noix • Sel, poivre

**1** Lavez la courgette et coupez-en les extrémités. À l'aide de l'épluche-légumes, découpez de fines lamelles de courgette dans sa longueur, en appuyant bien afin d'obtenir des tranches d'environ 2 mm d'épaisseur. Une courgette de taille moyenne vous donnera ainsi une vingtaine de tranches.

**2** Dans un bol, écrasez le fromage de chèvre à l'aide d'une fourchette et ajoutez-y les graines germées. Concassez les noix afin d'obtenir de petits morceaux. Ajoutez-les au chèvre, salez, poivrez et mélangez jusqu'à l'obtention d'une préparation homogène.

**3** Étalez ce mélange sur les tranches de courgette, roulez ces dernières et piquez-les à l'aide de cure-dents. Dégustez bien frais à l'apéritif.

**CONSEIL**

Vous pouvez faire germer les graines d'alfalfa vous-même en suivant la recette de base, page 27.

**INFO NUTRITION**

Les graines germées sont riches en vitamines et minéraux qui n'existent pas (ou peu) dans la graine non germée. La germination apporte aussi des enzymes qui améliorent la digestion.

# HOUMOUS À L'AVOCAT ET AUX GRAINES

POUR 1 PETIT BOL

10 MIN DE PRÉPARATION
1 H DE CUISSON
12 H DE TREMPAGE

FACILE
COÛT €€

MATÉRIEL

Mixeur
Passoire

300 g de pois chiches secs • 2 cuil. à soupe de graines de chanvre entières • 2 cuil. à soupe de graines de courge • 1 avocat • 2 cuil. à soupe de purée de sésame (tahin) • Le jus d'½ citron vert • 1 petit bouquet de coriandre fraîche • 4 cuil. à soupe d'huile d'olive • Sel, poivre

**1** La veille, mettez les pois chiches à tremper dans un grand volume d'eau froide, couvrez et laissez reposer toute la nuit.

**2** Le lendemain, égouttez les pois chiches et placez-les dans une grande casserole d'eau froide. Portez à ébullition et laissez-cuire pendant 1 h. Égouttez.

**3** Dans une poêle, faites griller les graines de chanvre et de courge. Mixez ensuite les pois chiches, l'avocat épluché et coupé en morceaux, la purée de sésame, l'huile d'olive, le jus de citron et les graines grillées (réservez-en un peu pour décorer). Ajoutez de l'huile ou du citron selon votre goût, jusqu'à l'obtention de la texture souhaitée. L'houmous ne doit être ni trop liquide ni trop compact. Salez et poivrez.

**4** Avant de servir, arrosez d'un filet d'huile d'olive et parsemez de coriandre fraîche ciselée et de quelques graines de chanvre et de courge grillées.

**CONSEIL**
Les plus pressés pourront utiliser des pois chiches en conserve. Dans ce cas, il suffit de les égoutter et les rincer avant de les mixer.

# CRÈME DE RADIS À LA KLAMATH

POUR 1 BOL

10 MIN DE PRÉPARATION

FACILE
COÛT €

MATÉRIEL

Blender

20 g de noix • 20 g de noix de cajou • Le jus d'1 citron • 60 g de chèvre frais • 5 cl de crème fraîche • 100 g de radis roses • ½ cuil. à café de klamath • Sel, poivre

**1** Mixez les noix et les noix de cajou jusqu'à l'obtention d'une poudre fine. Dans le bol du blender, versez le jus de citron, le fromage de chèvre frais et la crème. Mixez.

**2** Lavez et équeutez les radis. Ajoutez-les au mélange précédent avec la poudre de noix et de noix de cajou. Mixez jusqu'à l'obtention d'une préparation homogène. Ajoutez pour finir la klamath, salez et poivrez. Mélangez et conservez au frais.

**CONSEIL**

Cette crème peut se consommer sur du pain, des crackers salés…, ou servir de dip pour tremper des crudités, des gressins…

**INFO NUTRITION**

Les noix sont riches en graisses mais il s'agit de bonnes graisses, à tendance insaturées (oméga-3 entre autres) bonnes pour le cœur et ses vaisseaux.

# TARTINADE AUX HARICOTS,
## À LA COURGETTE ET À LA CHLORELLE

POUR 1 GRAND BOL

15 MIN DE PRÉPARATION
1 H 10 DE CUISSON
24 H DE TREMPAGE

FACILE
COÛT €

MATÉRIEL

Mixeur
Passoire

250 g de haricots blancs secs • 1 courgette • 1 gousse d'ail • 2 cl d'huile d'olive + un peu d'huile pour la cuisson • Le jus d'½ citron vert • 20 g de noix de cajou • 1 cuil. à café de chlorelle en poudre • Sel

**1** La veille, mettez les haricots blancs à tremper dans de l'eau salée pendant 24 h.

**2** Le lendemain, égouttez les haricots, rincez-les et mettez-les dans une casserole d'eau froide. Portez à ébullition et faites cuire 15 min. Égouttez et faites cuire de nouveau, dans une casserole d'eau bouillante, à couvert, pendant 45 min. Égouttez.

**3** Lavez la courgette et coupez-la en petits morceaux. Faites-la revenir une dizaine de minutes dans une poêle huilée.

**4** Mixez ensemble les haricots blancs cuits, la gousse d'ail épluchée, la courgette cuite, l'huile d'olive, le jus du demi-citron et les noix de cajou jusqu'à l'obtention d'un mélange homogène. Salez et ajoutez la chlorelle. Servez très frais sur du pain, ou en accompagnement de blinis au sarrasin (voir page 92).

### CONSEIL
Les plus pressés pourront utiliser des haricots blancs en conserve. Dans ce cas, rincez-les et égouttez-les bien avant de les mixer.

### INFO NUTRITION
La chlorelle (ou chlorella) est une micro-algue aux propriétés détoxifiantes pour l'organisme, notamment pour les métaux lourds que nous ingérons (aluminium, mercure, plomb...).

# CUBES APÉRO À LA TOMATE
## ET À L'AGAR-AGAR

POUR 4 PERSONNES

5 MIN DE PRÉPARATION
30 MIN DE CUISSON
2 H DE RÉFRIGÉRATION

FACILE
COÛT €

**MATÉRIEL**

Mixeur
Plat de 20 x 15 cm
Cure-dents

**1 oignon • 1 gousse d'ail • 4 tomates • 1 cuil. à soupe de basilic frais ciselé • 1 cuil. à café d'agar-agar • Huile d'olive • Sel, poivre**

**1** Épluchez et émincez l'oignon, et faites-le revenir dans de l'huile d'olive. Ajoutez l'ail pressé. Pelez les tomates et coupez-les en morceaux. Ajoutez-les à l'oignon avec le basilic, couvrez et laissez mijoter pendant 20 min. Salez, poivrez. Versez l'agar-agar en pluie, mélangez et laissez cuire 3 min de plus. Mixez ensuite jusqu'à l'obtention d'une consistance bien homogène.

**2** Versez la préparation dans le plat de façon à obtenir une couche d'environ 2 cm d'épaisseur. Laissez refroidir et placez au réfrigérateur pendant au minimum 2 h. Démoulez et coupez en cubes. Servez-les à l'apéritif piqués de cure-dents.

**CONSEIL**

Pour faciliter le démoulage, remplissez préalablement le plat d'eau et videz-le juste avant d'y verser le mélange à la tomate.

**INFO NUTRITION**

L'agar-agar est un gélifiant issu d'algues rouges riche en calcium et en phosphore. Ses fibres solubles gonflent pour former un gel aux vertus rassasiantes marquées, ce qui confère à l'agar-agar sa réputation de coupe-faim.

# PÂTÉ VÉGÉTAL AUX GRAINES DE TOURNESOL ET AUX CRUDITÉS

POUR 1 BOL

15 MIN DE PRÉPARATION

FACILE
COÛT €

**MATÉRIEL**

Mixeur
Râpe

200 g de graines de tournesol germées • Le jus d'½ citron • 1 gousse d'ail • 1 carotte • 1 branche de céleri • 1 cuil. à soupe de ciboulette hachée • 2 cuil. à soupe de purée de noix de cajou • Sel, poivre

**1** Mixez les graines de tournesol germées jusqu'à l'obtention d'une sorte de purée. Ajoutez-y le jus du demi-citron et la gousse d'ail pressée. Épluchez la carotte et râpez-la finement ainsi que la branche de céleri. Mélangez-les aux graines germées mixées avec la ciboulette et la purée de noix de cajou. Salez, poivrez et mélangez bien.

**2** Placez ce pâté végétal dans un petit bol et dégustez-le en tartine sur du pain avec des cornichons par exemple.

### CONSEIL

Vous pouvez faire germer les graines de tournesol vous-même en suivant la recette de base, page 27.

### INFO NUTRITION

Les graines de tournesol germées sont riches en protéines, acides aminés essentiels, mais aussi en vitamines A, D, E et en vitamines du groupe B.

# BLINIS AU SARRASIN,
## TARTINADE À L'AVOCAT ET GRAINES DE CHANVRE

POUR 20 BLINIS ENVIRON

15 MIN DE PRÉPARATION
15 MIN DE CUISSON
1 H DE REPOS

FACILE
COÛT €€

MATÉRIEL

Mixeur

**POUR LES BLINIS :** 200 g de farine de sarrasin • 100 g de farine de blé • 2 œufs • 5 g de levure de boulanger déshydratée • 50 cl de lait • 5 cl de crème fraîche • Huile pour la cuisson • Sel **POUR LA TARTINADE :** 1 cuil. à soupe de graines de chanvre décortiquées • 1 petit oignon blanc • 1 avocat • Le jus d'½ citron vert • 1 cuil. à soupe de coriandre fraîche ciselée • Sel, poivre

**1** Préparez les blinis. Dans un saladier, mélangez les farines. Ajoutez les jaunes d'œufs et réservez les blancs. Ajoutez ensuite la levure, le lait et la crème fraîche, salez et mélangez bien à l'aide d'un fouet pour éviter la formation de grumeaux. Couvrez et laissez reposer pendant 1 h.

**2** Montez les blancs d'œufs en neige et incorporez-les à la pâte à blinis. Faites chauffer une poêle huilée et versez-y de petites louches de pâte. Faites cuire les blinis 2 à 3 min de chaque côté et recommencez jusqu'à épuisement de la pâte. Réservez-les au chaud.

**3** Préparez la tartinade. Mixez grossièrement les graines de chanvre jusqu'à l'obtention d'une poudre épaisse. Mélangez cette poudre à l'oignon épluché et émincé. Écrasez la chair de l'avocat à l'aide d'une fourchette, arrosez-la du jus du demi-citron vert. Ajoutez-y le mélange précédent et la coriandre ciselée. Salez, poivrez et mélangez bien. Tartinez-en les blinis chauds ou tièdes.

# BOULES D'ÉNERGIE

POUR 10 BOULES ENVIRON
10 MIN DE PRÉPARATION
TRÈS FACILE
COÛT €

**MATÉRIEL**
Mixeur

100 g de dattes medjool • 20 g de canneberges séchées • 20 g d'amandes en poudre • 2 cuil. à soupe de cacao en poudre

**1** Dénoyautez les dattes et coupez-les en deux. Mixez-les afin d'obtenir une purée. Ajoutez les canneberges et la poudre d'amandes, et continuez de mixer jusqu'à la formation d'une pâte compacte.

**2** Prélevez alors une petite quantité de pâte et roulez-la pour obtenir une boule d'environ 2 cm de diamètre. Placez le cacao dans une assiette et roulez la boule de datte dedans afin de l'enrober de cacao. Recommencez jusqu'à épuisement de la pâte.

**CONSEIL**
Ces petites boules d'énergie se conservent jusqu'à 4 jours au frais dans un récipient hermétique.

**INFO NUTRITION**
Les dattes apportent de l'énergie immédiatement disponible, idéale en cas d'activité sportive.
Les dattes, le cacao et les amandes sont riches en potassium, un minéral très important en cas d'activité physique.

# CARRÉS D'AMANDE
## ET DE NOIX À L'ACÉROLA

POUR 20 CARRÉS ENVIRON

10 MIN DE PRÉPARATION
14 H DE RÉFRIGÉRATION

FACILE
COÛT €

**MATÉRIEL**

Mixeur
Film alimentaire
Rouleau à pâtisserie

20 g de cerneaux de noix • 125 g de poudre d'amandes • 5 g d'acérola • Le zeste d'1 orange • 80 g de sirop d'agave • 20 g d'huile de coco • Fécule de maïs pour le rouleau à pâtisserie

**1** Mixez les noix en poudre fine. Mélangez cette dernière à la poudre d'amandes, l'acérola et le zeste d'orange. Ajoutez le sirop d'agave et l'huile de coco, et malaxez jusqu'à l'obtention d'une boule de pâte. Enveloppez-la dans du film alimentaire et placez-la au réfrigérateur pendant 12 h.

**2** Étalez la pâte sur 1 cm d'épaisseur à l'aide du rouleau à pâtisserie enduit de fécule de maïs. Remettez au frais pendant 2 h. Coupez ensuite des carrés de pâte d'environ 3 cm de côté et enveloppez-les dans un bel emballage. Dégustez à toute heure de la journée ces petites bouchées d'énergie.

### INFO NUTRITION

L'amande est riche en protéines et en calcium. Ses fibres et ses graisses, de la famille des acides gras mono-insaturés, permettent de réduire le taux de « mauvais cholestérol ».

# SUPERBARRES ÉNERGÉTIQUES

POUR 12 BARRES ENVIRON

10 MIN DE PRÉPARATION
12 H DE RÉFRIGÉRATION

TRÈS FACILE
COÛT €

MATÉRIEL

Mixeur
Récipient hermétique

100 g de noix de cajou non salées • 50 g de dattes medjool • 50 g de figues séchées • 2 cm de gingembre frais • 2 cuil. à café de maca en poudre • 2 cuil. à soupe de cacao en poudre

**1** Mixez les noix de cajou jusqu'à l'obtention d'une poudre épaisse. Hachez grossièrement les dattes et les figues, et ajoutez-les aux noix de cajou avec le gingembre épluché et râpé, le maca et le cacao. Malaxez de façon à obtenir une boule de pâte, que vous étalez à la main au fond d'un récipient pouvant fermer hermétiquement.

**2** Placez le récipient fermé au réfrigérateur et laissez reposer pendant au minimum 12 h. Ensuite, découpez des barres à l'aide d'un couteau. Vous pouvez facilement transporter ces barres enveloppées dans du papier pour les déguster en cas de coup de fatigue ou de petite faim.

**INFO NUTRITION**
Ces barres sont riches en énergie mais aussi en ingrédients particulièrement stimulants et énergisants (cacao, maca, gingembre).

# RAW TRUFFES AUX BAIES
## DE GOJI ET NOISETTES

POUR 20 TRUFFES ENVIRON

10 MIN DE PRÉPARATION
1 H DE RÉFRIGÉRATION

FACILE
COÛT €€

**MATÉRIEL**

Mixeur

30 g de noisettes + 20 noisettes entières • 30 g d'amandes • 30 g de noix de cajou • 20 g de baies de goji • 30 g de pépites de chocolat • 3 cuil. à soupe de cacao en poudre + 3 cuil. à soupe pour l'enrobage • 2 cuil. à soupe de purée de noisettes • 3 cuil. à soupe de noix de coco râpée

**1** Mixez ensemble les 30 g de noisettes, les amandes, les noix de cajou et les baies de goji jusqu'à l'obtention d'une poudre fine. Ajoutez les pépites de chocolat et mixez brièvement, afin d'obtenir de petits morceaux de chocolat. Ajoutez 3 cuil. à soupe de cacao en poudre et la purée de noisettes, et mélangez à la main jusqu'à l'obtention d'une boule de pâte.

**2** Formez 20 boules de la taille d'une petite noix et incorporez au centre de chacune d'elles une noisette entière. Roulez la moitié des boules dans le cacao en poudre et l'autre moitié dans la noix de coco râpée. Placez au réfrigérateur pendant 1 h avant de pouvoir déguster ces délicieuses truffes bourrées d'énergie.

# COOKIES VEGAN AUX NOIX
## ET CANNEBERGES

POUR 12 COOKIES ENVIRON

15 MIN DE PRÉPARATION
15 MIN DE CUISSON

FACILE
COÛT €€

**MATÉRIEL**

Papier sulfurisé

4 cl d'huile de coco • 4 cl d'huile d'olive • 150 g de sucre blond de canne • 1 banane • 200 g de farine • 40 g de cerneaux de noix + quelques-uns pour décorer • 3 cuil. à soupe de cacao en poudre • 1 cuil. à café de vanille en poudre • 1 cuil. à soupe de canneberges séchées

**1** Dans un saladier, fouettez les huiles jusqu'à l'obtention d'une texture crémeuse, puis ajoutez le sucre. Écrasez la banane et incorporez-la au mélange précédent avec la farine, les noix grossièrement moulues, la vanille et le cacao. Mélangez à la main pour obtenir une boule de pâte homogène.

**2** Préchauffez le four à 180 °C (th. 6). Prélevez des petites boules de pâte de la taille d'une noix et aplatissez-les légèrement. Disposez-les sur une plaque de cuisson tapissée de papier sulfurisé. Disposez sur les cookies quelques cerneaux de noix et quelques canneberges, et enfournez pendant 15 min. Les cookies doivent être encore mous à la sortie du four, ils durciront en refroidissant.

# ENTRÉES

# SALADE ESTIVALE, VINAIGRETTE À LA SPIRULINE

POUR 4 PERSONNES

15 MIN DE PRÉPARATION

FACILE
COÛT €

1 concombre • 2 avocats • 5 tomates • 200 g de feta • Une vingtaine d'olives noires • Quelques feuilles de laitue
POUR LA VINAIGRETTE : 2 cuil. à soupe de vinaigre de cidre • 6 cuil. à soupe d'huile d'olive • 2 cuil. à café de moutarde à l'ancienne • 2 cuil. à café de spiruline en poudre • 1 échalote • Sel

**1** Épluchez le concombre et les avocats. Coupez-les en morceaux ainsi que les tomates et la feta. Ajoutez les olives noires dénoyautées et coupées en deux ainsi que les feuilles de laitue. Mettez le tout dans un saladier.

**2** Préparez la vinaigrette. Dans un bol, versez le vinaigre de cidre et salez. Ajoutez l'huile d'olive, la moutarde et la spiruline. Mélangez bien à l'aide d'une fourchette jusqu'à ce que le mélange soit homogène. Ajoutez ensuite l'échalote émincée et versez la vinaigrette sur la salade. Dégustez frais.

### INFO NUTRITION

La spiruline est une micro-algue très riche en protéines (50 à 70 %), en oméga-3, calcium, fer et composés antioxydants.

# CRÈME DE COURGETTES
## CRUES AU CURCUMA

POUR 4 PERSONNES

10 MIN DE PRÉPARATION

TRÈS FACILE
COÛT €

MATÉRIEL

Blender

10 cl de crème de soja • 3 courgettes • 2 cuil. à café de curcuma • 2 cuil. à café d'huile d'olive • Quelques feuilles de menthe fraîche • Sel, poivre

**1** Dans le bol du blender, versez la crème de soja. Coupez les courgettes en morceaux après les avoir lavées et placez-les sur la crème. Ajoutez le curcuma, l'huile d'olive et la menthe. Mixez à puissance maximale pendant environ 30 s jusqu'à l'obtention d'une consistance bien lisse. Salez et poivrez selon votre goût. Dégustez très frais.

### INFO NUTRITION

Grâce à ses composés antioxydants (notamment sa teneur en curcumine), le curcuma possède des propriétés anticancéreuses démontrées. Il possède aussi des vertus anti-inflammatoires.

# SALADE DE CHOU KALE, AVOCAT, NOIX ET CANNEBERGES

POUR 4 PERSONNES

15 MIN DE PRÉPARATION
1 H DE REPOS

FACILE
COÛT €

MATÉRIEL

Mixeur

160 g de chou kale • 2 avocats • Le jus d'1 citron • 2 oignons blancs • 2 cuil. à café de vinaigre de cidre • 1 cuil. à soupe d'huile d'olive • 8 cuil. à soupe de lait d'amande • Une poignée de cerneaux de noix • Une poignée de canneberges

**1** Lavez les feuilles de kale. Ôtez-en les nervures et hachez grossièrement les feuilles. Mettez-les dans un saladier.

**2** Dénoyautez l'un des avocats, ôtez-en la peau et mixez la chair avec le jus de citron, le vinaigre, l'huile, le lait d'amande et 4 cuil. à soupe d'eau, jusqu'à l'obtention d'une consistance homogène.

**3** Mélangez la sauce obtenue au chou kale et massez le chou pendant 3 min, afin de bien l'imprégner de sauce et de casser les fibres du chou. Laissez reposer pendant 1 h à température ambiante.

**4** Épluchez et émincez les oignons blancs, et ajoutez-les à la salade avec les noix, les canneberges et le dernier avocat coupé en morceaux. Dégustez aussitôt.

# SALADE DE ROQUETTE
## ET TOFU MARINÉ À L'URUCUM

POUR 4 PERSONNES

15 MIN DE PRÉPARATION
10 MIN DE CUISSON
30 MIN DE MARINADE

FACILE
COÛT €€

MATÉRIEL

Récipient hermétique

200 g de tofu ferme • 3 tomates • 80 g de roquette • 1 oignon blanc • Une poignée de graines d'alfalfa germées (voir recette de base p. 27)
POUR LA MARINADE : 2 cuil. à soupe de vinaigre de cidre • 3 cuil. à café d'huile d'olive • 2 cuil. à café de sésame • 1 cuil. à soupe de moutarde • 1 cuil. à soupe de jus de citron • 2 cuil. à café d'urucum en poudre • 1 cuil. à soupe de coriandre fraîche ciselée

**1** Commencez par préparer la marinade en mélangeant simplement tous les ingrédients dans le récipient hermétique à l'aide d'une fourchette.

**2** Coupez le tofu en petits dés et placez-le dans le récipient. Mélangez bien de manière à ce que le tofu soit enrobé de marinade. Placez au réfrigérateur et laissez mariner pendant environ 30 min.

**3** Préparez la salade. Lavez les tomates, coupez-les en morceaux et placez-les dans un saladier avec la roquette. Épluchez et émincez l'oignon et ajoutez-le à la salade ainsi qu'une bonne poignée de graines d'alfalfa germées.

**4** Faites chauffer une poêle et faites-y dorer les dés de tofu marinés pendant une dizaine de minutes en remuant très régulièrement. Ajoutez le tofu sauté à la salade et servez sans attendre.

**INFO NUTRITION**
Le tofu est riche en protéines végétales d'excellente qualité, en acides gras insaturés, en calcium et en phosphore. Sa consommation permet de réduire le taux de « mauvais cholestérol ».

# VELOUTÉ DE BROCOLIS
## À L'AMANDE ET AU SARRASIN

POUR 4 PERSONNES

15 MIN DE PRÉPARATION
25 MIN DE CUISSON

TRÈS FACILE
COÛT €

MATÉRIEL

Mixeur

2 têtes de brocolis (environ 750 g) • 1 oignon • 2 petites carottes • 80 g de flocons de sarrasin • 10 cl de crème d'amande • Huile d'olive • Sel, poivre

**1** Dans une sauteuse, faites revenir l'oignon dans un peu d'huile d'olive. Ajoutez les carottes épluchées et coupées en morceaux, et les brocolis coupés en fleurettes. Salez, poivrez. Laissez revenir quelques minutes puis couvrez d'eau. Laissez cuire pendant environ 20 min jusqu'à ce que les brocolis soient tendres.

**2** Passez ensuite au mixeur avec les flocons de sarrasin et la crème d'amande. Ajoutez de l'eau pour obtenir la consistance désirée. Servez bien chaud.

**INFO NUTRITION**
Le brocoli fait partie de la famille des choux. Il est riche en fibres, en calcium et en composés antioxydants permettant de lutter contre le processus cancéreux.

# TABOULÉ AUX AGRUMES, AU GINGEMBRE ET À LA GRENADE

POUR 4 PERSONNES

15 MIN DE PRÉPARATION
2 H DE RÉFRIGÉRATION

FACILE
COÛT €€

MATÉRIEL

Presse-ail
Presse-agrumes

2 oranges • 1 pamplemousse • 1 oignon blanc • 1 grenade • 200 g de semoule de blé • 2 citrons • 5 cuil. à soupe d'huile d'olive • 2 cm de gingembre frais • Un bouquet de menthe + quelques feuilles pour décorer • Sel, poivre

**1** Pelez les oranges et le pamplemousse, et coupez-les en petits morceaux. Placez-les dans un saladier avec l'oignon pelé et émincé. Versez la semoule, mélangez et arrosez du jus des 2 citrons et de 3 cuil. à soupe d'huile d'olive. Récupérez les graines de la grenade (voir Conseil, page 64) et ajoutez-les.

**2** Épluchez le gingembre et pressez-le sur la salade à l'aide du presse-ail. Salez, poivrez, ajoutez la menthe ciselée et mélangez. Filmez le saladier et placez-le pendant au moins 2 h au réfrigérateur, jusqu'à ce que la semoule ait gonflé.

**3** Avant de servir, arrosez le taboulé des 2 cuil. à soupe d'huile d'olive restantes et parsemez de quelques feuilles de menthe. Dégustez très frais.

# ROULEAUX DE PRINTEMPS
## AU GINGEMBRE, SAUCE COCO-CACAHUÈTE

POUR 10 ROULEAUX
30 MIN DE PRÉPARATION
FACILE
COÛT €€

POUR LES ROULEAUX : une dizaine de feuilles de riz • 60 g de vermicelles de riz • 1 carotte • 1 poivron rouge • 4 cm de gingembre frais • 20 g de noix de cajou • 1 cuil. à café de curcuma • Quelques feuilles de laitue • Un petit bouquet de basilic • Sel POUR LA SAUCE : 1 cuil. à soupe de beurre de cacahuète • 1 cuil. à soupe de sauce soja • 1 cuil. à café de sirop d'agave • 1 cuil. à soupe de jus de citron vert • 3 cuil. à soupe de lait de coco • Quelques feuilles de coriandre fraîche hachées

**1** Faites bouillir de l'eau et versez-la sur les vermicelles de riz. Laissez reposer 5 min et égouttez.

**2** Coupez la carotte épluchée et le poivron lavé en bâtonnets. Hachez grossièrement les noix de cajou et mélangez-les au gingembre frais râpé et au curcuma.

**3** Trempez 1 feuille de riz dans de l'eau tiède quelques secondes et placez-la sur un torchon propre. Disposez au milieu de la feuille 1 feuille de laitue, quelques morceaux de carotte et de poivron, le mélange aux noix de cajou, 1 grosse cuillerée de vermicelles de riz et 2 ou 3 feuilles de basilic frais. Salez, puis repliez les bords latéraux. Roulez la feuille en serrant le plus possible. Procédez de la même manière jusqu'à épuisement de la garniture.

**4** Préparez la sauce en mélangeant tous les ingrédients à l'aide d'une fourchette de façon à obtenir une sauce homogène un peu épaisse. Dégustez les rouleaux de printemps frais en les trempant dans la sauce aux cacahuètes.

# SALADE DE RIZ SAUVAGE,
## ORANGE, AVOCAT ET BAIES DE GOJI

POUR 4 PERSONNES

15 MIN DE PRÉPARATION
1 H DE REPOS

FACILE
COÛT €

MATÉRIEL

Presse-agrumes

**POUR LA SALADE :** 200 g de riz sauvage • 2 oranges • 2 avocats • 250 g de mozzarella • 40 g de baies de goji **POUR LA SAUCE :** 1 orange • 1 citron • 6 cuil. à soupe d'huile d'olive • 2 cuil. à café de miel • Quelques feuilles de basilic frais

**1** Commencez par faire cuire le riz sauvage dans un grand volume d'eau comme indiqué sur l'emballage. Laissez-le refroidir.

**2** Épluchez les oranges et les avocats, coupez-les en morceaux et mélangez-les au riz. Coupez également la mozzarella et ajoutez-la à la salade avec les baies de goji.

**3** Préparez la sauce. Pressez l'orange et le citron, et mélangez les jus obtenus à l'huile d'olive et au miel. Ajoutez les feuilles de basilic ciselées. Versez la sauce sur la salade et dégustez très frais.

# SALADE DE QUINOA, CHOU KALE, AVOCAT ET GRAINES

POUR 4 PERSONNES

FACILE
COÛT €

15 MIN DE PRÉPARATION
15 MIN DE CUISSON

200 g de quinoa • 75 g de chou kale • 1 avocat • 2 cuil. à soupe de graines de chanvre entières • 2 cuil. à soupe de graines de courge • 2 cuil. à soupe de pignons de pin POUR LA SAUCE : 1 orange • 1 citron vert • 3 cuil. à soupe d'huile d'olive • 1 cuil. à café de moutarde • Sel, poivre

**1** Faites cuire le quinoa dans deux fois son volume d'eau pendant environ 10 min, jusqu'à ce que toute l'eau soit absorbée. Laissez-le refroidir.

**2** Hachez finement le chou kale et ajoutez-le au quinoa avec l'avocat coupé en morceaux. Dans une poêle, faites griller à sec, pendant 5 min, les graines de chanvre, les graines de courge et les pignons de pin, puis ajoutez-les à la salade.

**3** Préparez la sauce. Pressez l'orange et le citron vert, et mélangez leur jus à l'huile d'olive et à la moutarde à l'aide d'une fourchette. Salez, poivrez et versez sur la salade. Servez très frais.

### INFO NUTRITION
Le quinoa est une pseudo-céréale sans gluten très digeste, riche en protéines, en fibres, manganèse, fer et cuivre.

# TABOULÉ AU CHOU KALE

POUR 4 PERSONNES

25 MIN DE PRÉPARATION
2 H DE RÉFRIGÉRATION

FACILE
COÛT €

MATÉRIEL

Presse-agrumes
Râpe

200 g de semoule de blé complète • 2 citrons • 1 orange • 4 cl d'huile d'olive + 2 cl pour arroser • 2 feuilles de chou kale (environ 80 g) • 2 tomates • ½ concombre • 1 oignon blanc • 1 cm de gingembre frais • Un bouquet de basilic • Sel, poivre

**1** Dans un saladier, versez la semoule de blé et arrosez-la du jus des 2 citrons et de l'orange ainsi que de l'huile d'olive. Enlevez la nervure des feuilles de chou kale et hachez-les finement. Ajoutez-les à la semoule. Lavez les tomates et épluchez le concombre, puis coupez-les en petits dés. Épluchez et émincez l'oignon ; râpez le gingembre frais.

**2** Mélangez tous les ingrédients, salez, poivrez, parsemez de basilic ciselé et arrosez d'un filet d'huile d'olive. Placez le taboulé au frais pendant au minimum 2 h. Avant de servir, arrosez d'un peu d'huile d'olive et décorez de quelques feuilles de basilic.

# SALADE DE ROQUETTE, AVOCAT, MANGUE, NOIX ET GELÉE ROYALE

POUR 4 PERSONNES

15 MIN DE PRÉPARATION

TRÈS FACILE
COÛT €

1 mangue • 1 avocat • 100 g de roquette • 30 g de cerneaux de noix POUR LA SAUCE : 1 cuil. à soupe de vinaigre balsamique • 3 cuil. à soupe d'huile d'olive • 1 cuil. à café de moutarde à l'ancienne • 2 cuil. à café de miel • 5 g de gelée royale • Sel, poivre

**1** Épluchez la mangue et l'avocat, ôtez-en les noyaux et coupez leur chair en dés. Placez-les dans un saladier avec la roquette et parsemez de cerneaux de noix.

**2** Préparez la sauce. Dans un bol, battez à la fourchette le vinaigre balsamique, l'huile d'olive et la moutarde. Ajoutez ensuite le miel et la gelée royale, salez et poivrez. Versez cette sauce sur la salade et servez aussitôt.

**INFO NUTRITION**
La gelée royale possède un effet tonifiant et antifatigue reconnu. Consommée régulièrement, elle permet de renforcer le système immunitaire.

# VELOUTÉ DE COURGETTES
## À L'AIL ET À LA SPIRULINE

POUR 4 PERSONNES

10 MIN DE PRÉPARATION
30 MIN DE CUISSON

FACILE
COÛT €

MATÉRIEL

Mixeur

• 1 oignon • 2 gousses d'ail • 750 g de courgettes • 1 cuil. à soupe de spiruline • 1 cuil. à soupe d'huile d'olive • 20 cl de lait • Sel, poivre

**1** Dans une sauteuse, faites revenir l'oignon épluché et émincé dans l'huile d'olive. Ajoutez les 2 gousses d'ail pressées ainsi que les courgettes coupées en morceaux. Laissez cuire quelques minutes à feu vif, puis versez 60 cl d'eau et le lait. Couvrez et laissez mijoter environ 20 min jusqu'à ce que les courgettes soient tendres. Salez, poivrez le velouté et ajoutez la spiruline. Mixez jusqu'à l'obtention d'une texture onctueuse.

**INFO NUTRITION**

L'ail possède des propriétés anti-inflammatoires et anticancéreuses. Il protège des maladies cardiovasculaires grâce à l'alliine qu'il contient (propriétés vasodilatatrices).

# GLACE FAÇON TZATZIKI
## AU GINGEMBRE ET À LA CHLORELLE

POUR 50 CL DE GLACE

10 MIN DE PRÉPARATION
20 MIN DE TURBINAGE

FACILE
COÛT €

MATÉRIEL

Blender
Sorbetière

300 g de fromage blanc • 5 cl de crème fraîche • 200 g de concombre épluché et épépiné (environ ½) • Le jus d'½ citron • 1 cm de gingembre frais • 1 cuil. à café de chlorelle • Quelques feuilles de menthe • Quelques brins de ciboulette • Sel, poivre

**1** Dans le bol du blender, versez le fromage blanc et la crème fraîche. Coupez le concombre en petits dés et ajoutez-le avec le jus du demi-citron, le gingembre, la chlorelle et les herbes aromatiques. Salez et poivrez. Mixez jusqu'à l'obtention d'une consistance homogène. Goûtez et rectifiez l'assaisonnement selon votre goût.

**2** Versez la préparation dans la sorbetière et turbinez pendant 20 min, jusqu'à ce que la glace soit prise. Placez au congélateur. Sortez la glace du congélateur 15 min avant la dégustation.

# PLATS

# POÊLÉE DE SARRASIN,
## GINGEMBRE, COURGETTES ET TOFU

POUR 4 PERSONNES

FACILE
COÛT €

10 MIN DE PRÉPARATION
40 MIN DE CUISSON

150 g de sarrasin grillé (kasha) • 2 petites courgettes • 125 g de tofu ferme • 3 cm de gingembre frais • Huile • Sel, poivre

**1** Dans une casserole, placez le sarrasin dans deux fois son volume d'eau salée et faites cuire à couvert, pendant environ 15 min, jusqu'à absorption complète du liquide.

**2** Coupez les courgettes en petits morceaux et le tofu en petits cubes ; épluchez le gingembre et coupez-le en fines lamelles. Versez ces ingrédients dans une sauteuse chaude légèrement huilée. Faites cuire à feu vif une quinzaine de minutes, jusqu'à ce que les courgettes et le tofu soient dorés. Ajoutez alors le sarrasin préalablement cuit. Salez et poivrez selon votre goût, et servez chaud.

# PENNE AU PESTO DE GRAINES GERMÉES

POUR 4 PERSONNES

10 MIN DE PRÉPARATION
10 MIN DE CUISSON

FACILE
COÛT €

**MATÉRIEL**

Mixeur

350 g de penne • 50 g de cerneaux de noix • 60 g de graines d'alfalfa germées • Le jus d'½ citron • 50 g de parmesan • 3 cuil. à soupe d'huile d'olive • Sel, poivre

**1** Mixez ensemble les noix, les graines germées et le jus de citron jusqu'à l'obtention d'une purée épaisse. Ajoutez le parmesan râpé et arrosez d'huile d'olive. Salez, poivrez et mélangez bien. Faites cuire les pâtes *al dente* comme indiqué sur l'emballage et ajoutez-y le pesto de graines germées. Servez chaud.

### CONSEIL

Vous pouvez faire germer les graines d'alfalfa vous-même en suivant la recette de base, page 27.

### INFO NUTRITION

Les graines germées d'alfalfa (ou luzerne) sont riches en saponine, un composé capable de réduire le taux de cholestérol sanguin. Elles contiennent également de nombreux minéraux (calcium, magnésium, potassium, fer…) et vitamines (A, C, D, E et vitamines du groupe B).

# SPAGHETTIS AU PESTO
## À LA SPIRULINE ET AUX AMANDES

POUR 4 PERSONNES

10 MIN DE PRÉPARATION
10 MIN DE CUISSON

FACILE
COÛT €

MATÉRIEL

Mixeur

350 g de spaghettis • 60 g d'amandes entières • 7 cl d'huile d'olive • Un bouquet de basilic • 20 g de parmesan • 2 cuil. à café de spiruline en poudre

**1** Dans le mixeur, broyez les amandes jusqu'à l'obtention d'une poudre fine. Ajoutez les feuilles de basilic ciselées et le parmesan râpé, et mixez de nouveau. Versez l'huile d'olive tout en continuant de mixer de façon à obtenir un beau pesto. Ajoutez alors la spiruline en poudre et mélangez bien.

**2** Faites cuire les spaghettis *al dente* comme indiqué sur l'emballage et ajoutez-y le pesto à la spiruline. Servez aussitôt.

**INFO NUTRITION**
Pour profiter de tous les bienfaits de la spiruline, consommez-la crue (évitez de la faire cuire ou chauffer).

# CAKE AU BROCOLI,
## ROQUEFORT ET NOIX

POUR 6 PERSONNES

15 MIN DE PRÉPARATION
50 MIN DE CUISSON

FACILE
COÛT €€

MATÉRIEL

Moule à cake

300 g de brocoli • 2 œufs • 150 g de farine de blé + un peu pour le moule • 1 sachet de poudre à lever • 8 cl d'huile d'olive • 12 cl de lait • 80 g de gruyère râpé • 100 g de roquefort • 50 g de cerneaux de noix • Beurre pour le moule

**1** Coupez le brocoli en fleurettes et faites-les cuire à la vapeur pendant environ 10 min. Dans un saladier, mélangez les œufs, la farine et la poudre à lever. Versez petit à petit l'huile d'olive et le lait sans cesser de mélanger. Ajoutez le gruyère, le roquefort coupé en morceaux, les cerneaux de noix grossièrement concassés et le brocoli cuit. Mélangez jusqu'à l'obtention d'une pâte homogène.

**2** Préchauffez le four à 180 °C (th. 6). Beurrez et farinez le moule à cake et déposez-y la préparation. Faites-la cuire au four pendant 40 min, vérifiez la cuisson avec la pointe d'un couteau, elle doit ressortir sèche. Servez tiède, accompagné d'une salade verte.

**INFO NUTRITION**

Vous pouvez utiliser de la farine semi-complète (type 80 ou 110) pour cette recette, vous obtiendrez un cake plus riche en fibres et en minéraux.

# WRAPS AUX CRUDITÉS
## ET GRAINES GERMÉES, HOUMOUS ET CURCUMA

POUR 4 WRAPS

30 MIN DE PRÉPARATION
20 MIN DE CUISSON
30 MIN DE REPOS

FACILE
COÛT €€

MATÉRIEL

Rouleau à pâtisserie
Râpe
Cure-dents

POUR LES GALETTES : 250 g de farine de blé • 3 cuil. à soupe d'huile d'olive • ½ cuil. à café de sel POUR LA GARNITURE : 1 poivron • 1 avocat • 2 tomates • 1 carotte • 125 g de maïs • Une poignée de graines d'alfalfa germées • 4 cuil. à soupe d'houmous • 2 cuil. à café de curcuma en poudre

**1** Préparez les galettes. Dans un saladier, versez la farine et le sel. Faites un puits et versez-y l'huile d'olive. Faites bouillir 16 cl d'eau et ajoutez-la progressivement à la farine en mélangeant à l'aide d'une spatule jusqu'à ce que vous obteniez une boule de pâte. Enveloppez-la dans un torchon propre et laissez-la reposer pendant 30 min.

**2** Séparez la pâte en 4 morceaux de taille égale. Sur un plan de travail fariné, étalez chaque pâton le plus finement possible de manière à obtenir un disque régulier. Faites chauffer une poêle antiadhésive et faites cuire les galettes 2 à 3 min de chaque côté. Ne les cuisez pas trop longtemps, elles deviendraient alors cassantes et impossibles à plier en refroidissant.

**3** Préparez la garniture. Coupez le poivron et l'avocat en fines lamelles, les tomates en cubes et râpez la carotte. Prenez une galette, tartinez-la d'houmous, saupoudrez-la de curcuma et placez au centre, en bande, les différents ingrédients de la garniture. Repliez la partie inférieure de la galette, puis les côtés. Piquez d'un cure-dent pour faire tenir le tout.

**CONSEIL**

Vous pouvez faire germer les graines d'alfalfa vous-même en suivant la recette de base expliquée page 27.

# RISOTTO AU BROCOLI
## ET À LA SPIRULINE

POUR 4 PERSONNES

FACILE
COÛT €

15 MIN DE PRÉPARATION
30 MIN DE CUISSON

300 g de riz rond • Un bouquet de brocoli (environ 250 g) • 1 oignon • 3 cuil. à soupe d'huile d'olive • 1,25 litre de bouillon de légumes • 10 cl de vin blanc sec • 30 g de parmesan + un peu pour servir • 2 cuil. à café de spiruline • Sel, poivre

**1** Découpez le brocoli pour n'en garder que les fleurettes. Dans une casserole, faites revenir les fleurettes de brocoli dans 1 cuil. à soupe d'huile d'olive. Ajoutez environ 30 cl de bouillon de légumes et faites cuire à feu doux, pendant environ 10 min, jusqu'à ce que le brocoli soit tendre. Réservez.

**2** Versez le restant d'huile d'olive dans une sauteuse et faites-y revenir l'oignon à feu vif pendant quelques minutes. Ajoutez le riz en mélangeant bien pour enrober les grains. Salez, poivrez.

**3** Lorsque le riz est translucide, ajoutez le vin blanc, remuez et versez une louche de bouillon. Quand le riz a tout absorbé, versez une deuxième louche de bouillon. Procédez ainsi, louche par louche, jusqu'à ce que le riz soit cuit. Goûtez pour vérifier.

**4** À la fin de la cuisson, ajoutez le parmesan râpé et mélangez bien. Ajoutez les brocolis réservés précédemment ainsi que la spiruline. Servez immédiatement. Chacun pourra saupoudrer le risotto de parmesan dans son assiette, selon son goût.

**INFO NUTRITION**

La spiruline ne contient pas de vitamine C. En revanche, le brocoli en est bien fourni (80 mg aux 100 g). Évitez de stocker ce dernier trop longtemps dans le réfrigérateur, la vitamine C se détruit à l'entreposage.

# CHUTNEY DE MANGUE
## À L'ACÉROLA

POUR 4 PERSONNES

FACILE
COÛT €€

10 MIN DE PRÉPARATION
45 MIN DE CUISSON

2 oignons • 1 mangue • 1 cm de gingembre frais • 1 cuil. à soupe d'huile d'olive • 1 cuil. à café de coriandre en poudre • 1 cuil. à café de cannelle • 4 clous de girofle • 30 g de sucre blond de canne • 3 cl de vinaigre blanc • 1 cuil. à café d'acérola

**1** Épluchez et émincez les oignons. Faites-les cuire une dizaine de minutes dans une sauteuse avec l'huile d'olive. Épluchez la mangue et coupez-la en morceaux, ajoutez-la à l'oignon avec le gingembre épluché et râpé, la coriandre, la cannelle et les clous de girofle. Saupoudrez du sucre blond et laissez caraméliser 5 min.

**2** Ajoutez le vinaigre pour déglacer, couvrez et laissez mijoter pendant au moins 30 min. Retirez du feu, ajoutez l'acérola et mélangez. Servez tiède ou froid, avec du riz basmati.

# TAGLIATELLES DE COURGETTES, PESTO AU CHOU KALE

POUR 4 PERSONNES

25 MIN DE PRÉPARATION

FACILE
COÛT €

**MATÉRIEL**

Mixeur
Économe

3 courgettes • 5 feuilles de chou kale (environ 250 g) • 30 g de noix de cajou • 30 g de noix • 10 cl d'huile d'olive • Le jus d'½ citron vert • 30 g de parmesan • Sel

**1** Pelez les courgettes. À l'aide d'un économe, taillez des tagliatelles dans la chair des courgettes. Réservez les tagliatelles obtenues dans un grand plat.

**2** Préparez le pesto. Lavez les feuilles de kale. Ôtez-en les nervures et hachez finement les feuilles. Réduisez les noix de cajou et les noix en poudre fine au mixeur. Mélangez-les au chou kale. Arrosez le tout avec l'huile d'olive et le jus de citron vert, et parsemez de parmesan râpé. Salez. Mélangez bien jusqu'à l'obtention d'une sauce de la texture d'un pesto. Versez ce pesto sur les tagliatelles de courgettes et mélangez bien. Dégustez froid.

### INFO NUTRITION

L'huile d'olive est riche en acides gras mono-insaturés qui protègent le cœur. Les noix sont riches en acides gras oméga-3. Cette recette est donc « équilibrée » en graisses.

# CROQUETTES DE BROCOLI
## ET PARMESAN, SAUCE AIL ET CURCUMA

POUR 4 PERSONNES

20 MIN DE PRÉPARATION
1 H 05 DE CUISSON

FACILE
COÛT €

MATÉRIEL

Cuit-vapeur
Papier sulfurisé

POUR LES CROQUETTES : 500 g de fleurettes de brocoli • 2 œufs • 100 g de chapelure • 60 g de parmesan • Sel, poivre POUR LA SAUCE : 1 pomme de terre • 1 gousse d'ail • 1 jaune d'œuf • 10 cl d'huile d'olive • 1 cuil. à café de curcuma en poudre • Sel, poivre

**1** Faites cuire les fleurettes de brocoli à la vapeur pendant 15 min, jusqu'à ce qu'elles soient tendres. Écrasez-les grossièrement à la fourchette, ajoutez les œufs, la chapelure et le parmesan. Salez, poivrez et mélangez jusqu'à l'obtention d'une pâte homogène.

**2** Préchauffez le four à 200 °C (th. 6-7). Prélevez de grosses cuillerées de pâte et disposez-les sur la plaque du four recouverte de papier sulfurisé. Enfournez pendant 30 min, en retournant les croquettes à mi-cuisson.

**3** Pendant ce temps, préparez la sauce. Faites cuire la pomme de terre à la vapeur pendant 20 min. Écrasez-la à l'aide d'une cuillère en bois et ajoutez-y le jaune d'œuf et la gousse d'ail pressée. Salez et poivrez. Mélangez bien, puis incorporez petit à petit l'huile d'olive en continuant de remuer, jusqu'à ce que la sauce prenne. Ajoutez alors le curcuma en poudre. Servez avec les croquettes de brocoli chaudes.

### INFO NUTRITION

L'ail est parfois difficile à digérer ; pour éviter ce désagrément, ôtez son germe avant de le presser.

# ÉCRASÉE DE POMMES
## DE TERRE AU BROCOLI, AIL ET CURCUMA

POUR 4 PERSONNES

15 MIN DE PRÉPARATION
25 MIN DE CUISSON

FACILE
COÛT €

MATÉRIEL

Cuit-vapeur

750 g de pommes de terre • 2 brocolis • 3 échalotes • 2 gousses d'ail • 2 cm de curcuma frais • 3 cuil. à soupe d'huile d'olive • 2 cuil. à soupe de graines de courge

**1** Épluchez les pommes de terre et faites-les cuire à la vapeur pendant 20 min avec les brocolis coupés en fleurettes.

**2** Pendant ce temps, épluchez et émincez les échalotes, l'ail et le curcuma. Faites-les revenir quelques minutes dans 1 cuil. à soupe d'huile d'olive, jusqu'à ce que les échalotes soient dorées.

**3** Réservez l'eau de cuisson des pommes de terre. Écrasez les brocolis et les pommes de terre dans un saladier à l'aide d'une fourchette. Ajoutez 4 cuil. à soupe de l'eau de cuisson des pommes de terre, 2 cuil. à soupe d'huile d'olive ainsi que les échalotes à l'ail et au curcuma. Mélangez. Dans une poêle, faites griller à sec les graines de courge, pendant 2 à 3 min, et parsemez-en l'écrasée. Dégustez aussitôt.

# BOULETTES DE SARRASIN
## AU COMTÉ, SAUCE TOMATE, CURCUMA ET GINGEMBRE

POUR 10 BOULETTES

20 MIN DE PRÉPARATION
40 MIN DE CUISSON

FACILE
COÛT €€

**MATÉRIEL**

Blender
Râpe
Papier absorbant

**POUR LES BOULETTES :** 75 g de sarrasin grillé (kasha) • 1 œuf • 40 g de chapelure • 30 g de farine • 30 g de comté • Huile de tournesol pour la cuisson • Sel **POUR LA SAUCE :** 1 oignon • 3 tomates • 2 cm de gingembre frais • 2 cm de curcuma frais • Huile • Sel, poivre

**1** Réalisez les boulettes. Faites cuire le sarrasin dans deux fois son volume d'eau bouillante salée, pendant 15 min, jusqu'à ce que toute l'eau se soit évaporée. Ajoutez ensuite l'œuf, placez dans le blender et mixez grossièrement. Versez la chapelure et la farine, et mélangez bien jusqu'à ce que vous obteniez une boule de pâte. Ajoutez de la chapelure si la pâte vous paraît trop collante. Formez 10 boulettes dans vos mains. Coupez le comté en 10 morceaux et insérez-en un dans chacune des boulettes. Réservez.

**2** Préparez la sauce. Épluchez et émincez l'oignon, et faites-le revenir dans une poêle huilée avec le gingembre et le curcuma épluchés et râpés. Lavez et coupez les tomates, et ajoutez-les à l'oignon. Salez, poivrez et laissez cuire environ 10 min. Placez le tout dans le bol du blender et mixez jusqu'à l'obtention d'une sauce homogène.

**3** Dans une poêle, faites chauffer un fond d'huile de tournesol et faites-y cuire les boulettes de 10 à 15 min, en les retournant régulièrement pour qu'elles soient dorées sur toutes les faces. Égouttez-les sur du papier absorbant. Servez bien chaud, accompagné de la sauce tomate au gingembre et au curcuma.

# WOK DE PROTÉINES DE SOJA AU GINGEMBRE ET AUX DEUX POIVRONS

POUR 4 PERSONNES

15 MIN DE PRÉPARATION
20 MIN DE CUISSON
30 MIN DE REPOS

FACILE
COÛT €

**MATÉRIEL**

Mixeur
Wok

120 g de protéines de soja gros • 5 cuil. à soupe de sauce soja • 1 cube de bouillon de légumes • 2 échalotes • 3 cm de gingembre frais • 2 gousses d'ail • 1 poivron vert • 1 poivron rouge • Le jus d'1 citron vert • 1 petit bouquet de coriandre fraîche • Huile d'olive • Sel

**1** Placez les protéines de soja dans un bol avec 3 cuil. à soupe de sauce soja et le cube de bouillon. Recouvrez d'eau bouillante et laissez réhydrater pendant au moins 30 min.

**2** Pendant ce temps, épluchez les échalotes, le gingembre et les gousses d'ail, et mixez-les ensemble. Dans un wok, faites chauffer un peu d'huile d'olive et versez le mélange aux échalotes. Faites-le dorer quelques minutes, puis ajoutez les poivrons lavés et coupés en dés et les protéines de soja. Arrosez du reste de sauce soja, du jus du citron vert, salez et faites cuire pendant environ 15 min, jusqu'à ce que le soja et les poivrons soient dorés. Parsemez de coriandre fraîche ciselée et servez aussitôt, accompagné de riz ou de quinoa.

### INFO NUTRITION

Les protéines de soja constituent une excellente alternative à la viande hachée : elles sont très riches en protéines végétales de bonne qualité, elles sont également riches en fibres et pauvres en matières grasses.

# DESSERTS

# VERRINES DE GRAINES
## DE CHIA, LAIT DE COCO ET THÉ MATCHA

POUR 2 PERSONNES

TRÈS FACILE
COÛT €

10 MIN DE PRÉPARATION
1 NUIT DE RÉFRIGÉRATION

25 cl de lait de coco • 6 cuil. à soupe de graines de chia • 1 cuil. à soupe de sucre blond de canne • 2 cuil. à café de thé matcha en poudre • ½ grenade

**1** La veille au soir, mélangez le lait de coco avec les graines de chia, le sucre et le thé matcha. Versez dans 2 bols et placez au frais toute la nuit.

**2** Ouvrez la grenade, ôtez les parties blanches pour récupérer les graines (voir Conseil, page 64). Au moment de servir, parsemez les verrines au matcha de graines de grenade.

**INFO NUTRITION**

Le thé matcha est très riche en composés antioxydants. Il contient de la caféine mais aussi de la théanine aux vertus relaxantes, ce qui réduit l'excitation induite par la caféine. Vous pouvez donc en boire tout au long de la journée.

# SALADE DE FRAISES
## AU GINGEMBRE

POUR 4 PERSONNES

TRÈS FACILE
COÛT €

10 MIN DE PRÉPARATION
10 MIN DE CUISSON
30 MIN DE REPOS

500 g de fraises • 4 cm de gingembre frais • 100 g de sucre + 1 cuil. à soupe • Le jus d'½ citron

**1** Dans une casserole, portez 20 cl d'eau à ébullition avec 100 g de sucre. Ajoutez le gingembre pelé et coupé en fines lamelles et laissez mijoter, à feu très doux, pendant 10 min. Laissez refroidir.

**2** Pendant ce temps, lavez, équeutez et coupez les fraises en deux. Saupoudrez-les de la cuillerée à soupe de sucre et arrosez-les du jus de citron. Laissez macérer 30 min. Au moment de servir, filtrez le sirop au gingembre et versez-le sur les fraises.

### INFO NUTRITION
Le gingembre a un effet vasodilatateur et stimule la circulation sanguine. Ses effets aphrodisiaques n'ont jamais été réellement démontrés, mais il ne faut pas négliger l'effet placebo !

# PANNA COTTA LÉGÈRE
## À LA NOIX DE COCO, COULIS DE FRAISES ET BAIES D'AÇAÏ

POUR 4 PERSONNES

15 MIN DE PRÉPARATION
5 MIN DE CUISSON
2 H DE RÉFRIGÉRATION

FACILE
COÛT €

MATÉRIEL

4 ramequins
Mixeur

1 cuil. à café d'agar-agar • 25 cl de lait • 20 cl de lait de coco • 20 g de sucre • ½ cuil. à café de vanille en poudre
POUR LE COULIS DE FRAISES : 150 g de fraises • 2 cuil. à café de poudre d'açaï • 20 g de sucre

**1** Dans un bol, délayez l'agar-agar avec un peu de lait. Versez ce mélange dans une casserole avec le reste du lait, le lait de coco, le sucre et la vanille. Faites chauffer et laissez frémir pendant 2 min. Remplissez des petits récipients aux trois quarts de ce mélange et laissez refroidir. Placez au frais pendant au moins 2 h.

**2** Préparez le coulis de fraises. Mixez les fraises avec la poudre d'açaï et le sucre jusqu'à l'obtention d'un coulis. Réservez au frais. Avant de servir les panna cotta, versez par-dessus 2 cuil. à soupe de ce coulis et dégustez immédiatement.

**INFO NUTRITION**
Les baies d'açai sont riches en composés antioxydants aux effets anti-inflammatoires et toniques. Riches en fibres et pauvres en calories, elles ne font pourtant pas maigrir, contrairement à certaines idées reçues.

# CRÈMES AU CHOCOLAT
## ET AU MACA

POUR 4 PERSONNES

10 MIN DE PRÉPARATION
3 MIN DE CUISSON
2 H DE RÉFRIGÉRATION

FACILE
COÛT €

MATÉRIEL

4 petits pots

50 cl de lait de soja • 100 g de chocolat pâtissier • 1 cuil. à café de vanille en poudre • 4 cuil. à soupe de sucre blond de canne • 2 g d'agar-agar • 1 cuil. à soupe de maca en poudre

**1** Dans une casserole, versez le lait de soja et faites-y fondre le chocolat. Ajoutez la vanille et le sucre. Versez l'agar-agar en pluie en mélangeant bien et portez à ébullition pendant 1 min.

**2** Hors du feu, ajoutez le maca en poudre. Versez le liquide dans des petits pots, laissez refroidir et placez au réfrigérateur pendant 2 h au minimum, afin que les petites crèmes prennent bien. Dégustez très frais.

**INFO NUTRITION**

Le cacao est riche en composés antioxydants et en substances qui agissent sur l'humeur en réduisant le stress. Préférez donc les chocolats riches en cacao pour profiter de ses bienfaits.

# FONDANT AU CHOCOLAT, GINGEMBRE ET ACÉROLA

POUR 6 PERSONNES

10 MIN DE PRÉPARATION
25 MIN DE CUISSON

FACILE
COÛT €

**MATÉRIEL**

Moule rond de 24 cm de diamètre
Râpe

200 g de chocolat pâtissier • 150 g de beurre + un peu pour le moule • 2 œufs • 100 g de sucre blond de canne • 50 g de farine + un peu pour le moule • 20 g de gingembre frais (environ 3 cm) • 2 cuil. à soupe de sucre glace • 2 cuil. à soupe d'acérola en poudre

**1** Cassez le chocolat en morceaux et faites-le fondre au bain-marie avec le beurre. Dans un saladier, mélangez les œufs et le sucre de canne à l'aide d'un fouet, jusqu'à ce que le mélange blanchisse. Ajoutez le mélange au chocolat fondu, puis la farine. Épluchez et râpez le gingembre, et incorporez-le à la préparation.

**2** Préchauffez le four à 150 °C (th. 5). Beurrez et farinez le moule, et déposez-y le mélange. Enfournez pour environ 25 min de cuisson.

**3** Dans un bol, mélangez le sucre glace et l'acérola tamisés. Saupoudrez-en le gâteau démoulé et dégustez aussitôt.

**INFO NUTRITION**
Ce dessert est riche en calories, sachez l'apprécier en petite quantité si vous surveillez votre silhouette !

# TIRAMISU MATCHA, FRAMBOISES ET BAIES D'AÇAÏ

POUR 6 PERSONNES

FACILE
COÛT €€

15 MIN DE PRÉPARATION
4 H DE RÉFRIGÉRATION
AU MINIMUM

3 œufs • 100 g de sucre • 250 g de mascarpone • 5 cuil. à café de thé matcha • Environ 25 biscuits à la cuiller • 250 g de framboises • 2 cuil. à soupe de baies d'açaï en poudre

**1** Cassez les œufs en séparant les blancs des jaunes. Dans un saladier, battez les jaunes d'œufs avec le sucre jusqu'à ce que le mélange blanchisse. Ajoutez le mascarpone et mélangez de façon à obtenir une texture homogène. Ajoutez 3 cuil. à café de thé matcha. Montez les blancs d'œufs en neige et incorporez-les délicatement à la préparation précédente.

**2** Préparez du thé matcha. Versez 15 cl d'eau frémissante sur les 2 cuil. de thé matcha restantes et fouettez jusqu'à ce que le mélange devienne homogène et légèrement crémeux.

**3** Montez le tiramisu. Trempez brièvement les biscuits dans le thé matcha et tapissez-en le fond d'un plat. Versez ensuite la moitié de la crème au mascarpone, recouvrez d'une couche de framboises, d'une seconde couche de biscuits imbibés et terminez avec le reste de la crème au mascarpone. Laissez reposer au réfrigérateur pendant 4 h au minimum. Juste avant de servir, saupoudrez le tiramisu de baies d'açaï en poudre.

**CONSEIL**

Le tiramisu sera encore meilleur après 24 h de repos.

# GLACE À LA BANANE,
## BAIES DE GOJI ET BAIES D'AÇAÏ

POUR 80 CL DE GLACE

10 MIN DE PRÉPARATION
30 MIN DE TURBINAGE

FACILE
COÛT €€

MATÉRIEL

Blender
Sorbetière

2 bananes • 30 cl de lait • 10 cl de crème fraîche • 50 g de sucre • 30 g de baies de goji • 2 cuil. à soupe de baies d'açaï en poudre

**1** Dans le bol du blender, versez le lait, la crème fraîche et le sucre. Écrasez grossièrement les bananes et ajoutez-les au mélange avec les baies de goji et la poudre d'açaï. Mixez jusqu'à l'obtention d'un mélange homogène.

**2** Versez la préparation dans la sorbetière et turbinez pendant 30 min jusqu'à l'obtention de la consistance désirée. Placez ensuite au congélateur. Sortez la glace du congélateur 15 min avant la dégustation.

# COMPOTE DE FRUITS
## À LA CHLORELLE

POUR 2 PERSONNES

FACILE
COÛT €

10 MIN DE PRÉPARATION
30 MIN DE CUISSON

2 pommes • 2 bananes • 2 kiwis • 1 cuil. à café de miel • 1 cuil. à soupe de chlorelle en poudre

**1** Épluchez les fruits et coupez-les en morceaux. Placez-les dans une casserole avec 10 cl d'eau et laissez compoter, à feu très doux, pendant environ 30 min. Mixez les fruits cuits avec le miel et la chlorelle, et dégustez seul ou en accompagnement de fromage blanc ou de yaourt.

**INFO NUTRITION**
Le miel est un sucre naturel riche en composés antioxydants. Il a des vertus calmantes pour les voies respiratoires et des propriétés antibactériennes et antiseptiques.

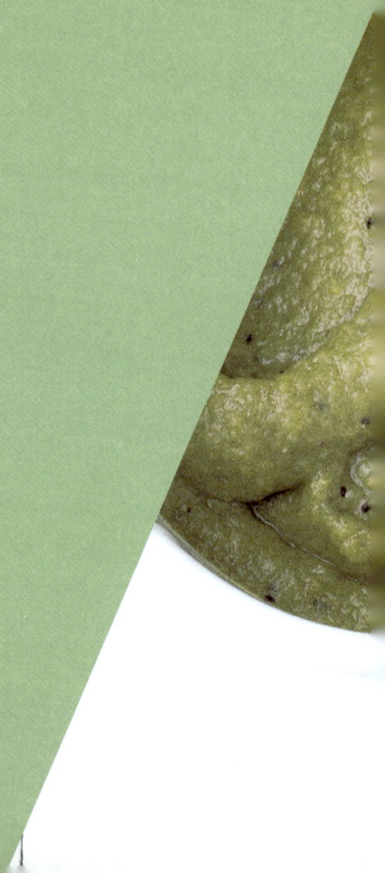

# SALADE DE NECTARINES
## AU THÉ VERT, GINGEMBRE ET CURCUMA

POUR 4 PERSONNES

FACILE
COÛT €

15 MIN DE PRÉPARATION
1 H DE RÉFRIGÉRATION

6 nectarines • 1 cuil. à café de thé vert • ½ cm de gingembre frais • ½ cuil. à café de vanille en poudre • ½ cuil. à café de curcuma • 2 cuil. à soupe de sucre de canne blond • Le jus d'½ citron • 10 g d'amandes effilées

**1** Faites chauffer 10 cl d'eau et faites-y infuser le thé pendant 5 min. Ajoutez le gingembre râpé, la vanille, le curcuma, le sucre et le jus du demi-citron. Laissez refroidir et réservez.

**2** Épluchez les nectarines et coupez-les en lamelles. Versez dessus le sirop préparé ci-avant et réservez au frais pendant au moins 1 h. Au moment de servir, faites griller à sec les amandes effilées dans une poêle antiadhésive et parsemez-en les nectarines. Dégustez aussitôt.

# GLACE AU LAIT D'AMANDE
## ET AU THÉ MATCHA

POUR 50 CL DE GLACE

10 MIN DE PRÉPARATION
10 MIN DE CUISSON
20 MIN DE TURBINAGE

FACILE
COÛT €

MATÉRIEL

Sorbetière
Cuillère en bois
Fouet

3 jaunes d'œufs • 80 g de sucre • 50 cl de lait d'amande • 5 cl de crème d'amande • 3 cuil. à café de thé matcha

**1** Mélangez les jaunes d'œufs et le sucre jusqu'à ce que le mélange blanchisse, puis versez-le dans une casserole. Incorporez-y le lait et la crème d'amande, et mélangez soigneusement à l'aide de la cuillère en bois. Faites chauffer à feu très doux, en remuant sans cesse, jusqu'à ce que le mélange enrobe la cuillère.

**2** Hors du feu, ajoutez le thé matcha et remuez vigoureusement à l'aide du fouet pour éviter la formation de grumeaux. Laissez refroidir complètement, puis faites prendre en sorbetière pendant environ 20 min.

# ANNEXES

# INDEX DES INGRÉDIENTS


## Açaï

- Glace à la banane, baies de goji et baies d'açaï 172
- Granola à l'amande et aux baies 30
- Panna cotta légère à la noix de coco, coulis de fraises et baies d'açaï 164
- Parfait aux myrtilles, baies d'açaï et baies de goji 38
- Petit déjeuner à boire 32
- Petit déjeuner à l'avoine et aux baies 34
- Tiramisu matcha, framboises et baies d'açaï 168

## Acérola

- Boisson énergisante à la poire et à l'acérola 66
- Carrés d'amande et de noix à l'acérola 96
- Chutney de mangue à l'acérola 146
- Fondant au chocolat, gingembre et acérola 170
- Thé glacé à l'acérola 54

## Agar-agar

- Crèmes au chocolat et au maca 166
- Cubes apéro à la tomate et à l'agar-agar 88
- Panna cotta légère à la noix de coco, coulis de fraises et baies d'açaï 164

## Ail

- Croquettes de brocoli et parmesan, sauce ail et curcuma 150
- Cubes apéro à la tomate et à l'agar-agar 88
- Écrasée de pommes de terre au brocoli, ail et curcuma 152
- Pâté végétal aux graines de tournesol et aux crudités 90
- Tartinade aux haricots, à la courgette et à la chlorelle 86
- Velouté de courgettes à l'ail et à la spiruline 113
- Wok de protéines de soja au gingembre et aux deux poivrons 156

## Brocoli

- Cake au brocoli, roquefort et noix 140
- Croquettes de brocoli et parmesan, sauce ail et curcuma 150
- Écrasée de pommes de terre au brocoli, ail et curcuma 152
- Risotto au brocoli et à la spiruline 144
- Velouté de brocoli à l'amande et au sarrasin 128

## Cacao

- Boisson cacaotée au lait de chanvre 62
- Boules d'énergie 94
- Chocolat à boire au cacao, maca et cannelle 42
- Chocolat froid au sarrasin et à la noisette 74
- Cookies vegan aux noix et canneberges 102
- Granola au sarrasin, noix et cacao 35
- Milkshake au chocolat et aux graines de chia 52
- Raw truffes aux baies de goji et noisettes 100
- Superbarres énergétiques 98

## Canneberge

- Boules d'énergie 94
- Cookies vegan aux noix et canneberges 102
- Crème Budwig aux baies 48
- Granola à l'amande et aux baies 30
- Petit déjeuner à boire 32
- Salade de chou kale, avocat,

noix et canneberges 110
- Supersmoothie au kéfir 60

**Chanvre (graines de)**
- Blinis au sarrasin, tartinade à l'avocat et graines de chanvre 92
- Boisson cacaotée au lait de chanvre 62
- Préparer du lait de chanvre 24
- Green smoothie au kale et lait de chanvre 56
- Houmous à l'avocat et aux graines 82
- Salade de quinoa, chou kale, avocat et graines 122

**Chia (graines de)**
- Banana breadmuffins au gingembre et aux graines de chia 40
- Chia pudding 44
- Green smoothie à la pomme et au kale 76
- Milkshake au chocolat et aux graines de chia 52
- Petit déjeuner à boire 32
- Supersmoothie au kéfir 60
- Verrines de graines de chia, lait de coco et thé matcha 160

**Chlorelle**
- Compote de fruits à la chlorelle 174
- Glace façon tzatziki au gingembre et à la chlorelle 130
- Tartinade aux haricots, à la courgette et à la chlorelle 86

**Chou kale**
- Green smoothie à la pomme et au kale 76
- Green smoothie au kale et lait de chanvre 56
- Préparer du kale pour une salade 26
- Salade de chou kale, avocat, noix et canneberges 110
- Salade de quinoa, chou kale, avocat et graines 122
- Taboulé au chou kale 124
- Tagliatelles de courgettes, pesto au chou kale 147

**Curcuma**
- Boulettes de sarrasin au comté, sauce tomate, curcuma et gingembre 154
- Crème de courgettes crues au curcuma 108
- Croquettes de brocoli et parmesan, sauce ail et curcuma 150
- Écrasée de pommes de terre au brocoli, ail et curcuma 152
- Rouleaux de printemps au gingembre, sauce coco-cacahuète 118
- Salade de nectarines au thé vert, gingembre et curcuma 176
- Wraps aux crudités et graines germées, houmous et curcuma 142

**Gelée royale**
- Salade de roquette, avocat, mangue, noix et gelée royale 126
- Smoothie coco, banane, maca et gelée royale 70

**Gingembre**
- Banana breadmuffins au gingembre et aux graines de chia 40
- Boisson rafraîchissante au citron, gingembre et klamath 68
- Boulettes de sarrasin au comté, sauce tomate, curcuma et gingembre 154

- Chutney de mangue à l'acérola 146
- Cocktail rafraîchissant au concombre, citron et gingembre 58
- Fondant au chocolat, gingembre et acérola 170
- Glace façon tzatziki au gingembre et à la chlorelle 130
- Jus d'orange au gingembre et à la grenade 64
- Jus de pomme au gingembre et à l'urucum 72
- Poêlée de sarrasin, gingembre, courgettes et tofu 134
- Rouleaux de printemps au gingembre, sauce coco-cacahuète 118
- Salade de fraises au gingembre 162
- Salade de nectarines au thé vert, gingembre et curcuma 176
- Superbarres énergétiques 98
- Taboulé au chou kale 124
- Taboulé aux agrumes, au gingembre et à la grenade 116
- Wok de protéines de soja au gingembre et aux deux poivrons 156

**Goji (baies de)**

- Chia pudding 44
- Crème Budwig aux baies 48
- Glace à la banane, baies de goji et baies d'açaï 172
- Granola à l'amande et aux baies 30
- Parfait aux myrtilles, baies d'açaï et baies de goji 38
- Petit déjeuner à boire 32
- Petit déjeuner à l'avoine et aux baies 34
- Raw truffes aux baies de goji et noisettes 100
- Salade de riz sauvage, orange, avocat et baies de goji 120
- Supersmoothie au kéfir 60

**Graines germées**

- Faire germer des graines 27
- Pâté végétal aux graines de tournesol et aux crudités 90
- Penne au pesto de graines germées 136
- Roulés de courgette au chèvre, noix et graines germées 80
- Salade à la roquette et tofu mariné à l'urucum 112
- Wraps aux crudités et graines germées, houmous et curcuma 142

**Grenade**

- Jus d'orange au gingembre et à la grenade 64
- Taboulé aux agrumes, au gingembre et à la grenade 116
- Verrines de graines de chia, lait de coco et thé matcha 160

**Klamath**

- Boisson rafraîchissante au citron, gingembre et klamath 68
- Crème de radis à la klamath 84

**Maca**

- Boisson cacaotée au lait de chanvre 62
- Chocolat à boire au cacao, maca et cannelle 42
- Crèmes au chocolat et au maca 166
- Smoothie coco, banane, maca et gelée royale 70
- Superbarres énergétiques 98

**Myrtilles**

- Crème Budwig aux baies 48
- Muffins à l'amande et aux myrtilles 46
- Parfait aux myrtilles, baies d'açaï et baies de goji 38
- Supersmoothie au kéfir 60

## Noix

- Cake au brocoli, roquefort et noix 140
- Carrés d'amande et de noix à l'acérola 96
- Chia pudding 44
- Cookies vegan aux noix et canneberges 102
- Crème de radis à la klamath 84
- Granola au sarrasin, noix et cacao 35
- Penne au pesto de graines germées 136
- Roulés de courgette au chèvre, noix et graines germées 80
- Salade de chou kale, avocat, noix et canneberges 110
- Salade de roquette, avocat, mangue, noix et gelée royale 126
- Tagliatelles de courgettes, pesto au chou kale 147

## Sarrasin

- Blinis au sarrasin, tartinade à l'avocat et graines de chanvre 92
- Boulettes de sarrasin au comté, sauce tomate, curcuma et gingembre 154
- Chocolat froid au sarrasin et à la noisette 74
- Granola au sarrasin, noix et cacao 35
- Poêlée de sarrasin, gingembre, courgettes et tofu 134
- Velouté de brocolis à l'amande et au sarrasin 128

## Soja

- Boisson énergisante à la poire et à l'acérola 66
- Chocolat à boire au cacao, maca et cannelle 42
- Crème de courgettes crues au curcuma 108
- Crèmes au chocolat et au maca 166
- Poêlée de sarrasin, gingembre, courgettes et tofu 134
- Salade de roquette et tofu mariné à l'urucum 112
- Wok de protéines de soja au gingembre et aux deux poivrons 156

## Spiruline

- Risotto au brocoli et à la spiruline 144
- Salade estivale, vinaigrette à la spiruline 106
- Spaghettis au pesto à la spiruline et aux amandes 138
- Velouté de courgettes à l'ail et à la spiruline 113

## Thé matcha

- Glace au lait d'amande et au thé matcha 178
- Préparer du thé matcha 25
- Tiramisu matcha, framboises et baies d'açaï 168
- Verrines de graines de chia, lait de coco et thé matcha 160

## Urucum

- Jus de pomme au gingembre et à l'urucum 72
- Salade de roquette et tofu mariné à l'urucum 112

# TABLE DES RECETTES

## B


- Banana breadmuffins au gingembre et aux graines de chia ... 40
- Blinis au sarrasin, tartinade à l'avocat et graines de chanvre ... 92
- Boisson cacaotée au lait de chanvre ... 62
- Boisson énergisante à la poire et à l'acérola ... 66
- Boisson rafraîchissante au citron, gingembre et klamath ... 68
- Boules d'énergie ... 94
- Boulettes de sarrasin au comté, sauce tomate, curcuma et gingembre ... 154


## C


- Cake au brocoli, roquefort et noix ... 140
- Carrés d'amande et de noix à l'acérola ... 96
- Chia pudding ... 44
- Chocolat à boire au cacao, maca et cannelle ... 42
- Chocolat froid au sarrasin et à la noisette ... 74
- Chutney de mangue à l'acérola ... 146
- Cocktail rafraîchissant au concombre, citron et gingembre ... 58
- Compote de fruits à la chlorelle ... 174
- Cookies vegan aux noix et canneberges ... 102
- Crème Budwig aux baies ... 48
- Crème de courgettes crues au curcuma ... 108
- Crème de radis à la klamath ... 84
- Crèmes au chocolat et au maca ... 166
- Croquettes de brocoli et parmesan, sauce ail et curcuma ... 150
- Cubes apéro à la tomate et à l'agar-agar ... 88


## E


- Écrasée de pommes de terre au brocoli, ail et curcuma ... 152


## F


- Fondant au chocolat, gingembre et acérola ... 168


## G


- Glace à la banane, baies de goji et baies d'açaï ... 172
- Glace au lait d'amande et au thé matcha ... 178
- Glace façon tzatziki au gingembre et à la chlorelle ... 130
- Granola à l'amande et aux baies ... 30
- Granola au sarrasin, noix et cacao ... 35
- Green smoothie à la pomme et au kale ... 76
- Green smoothie au kale et lait de chanvre ... 56


## H


- Houmous à l'avocat et aux graines ... 82


## J


- Jus d'orange au gingembre et à la grenade ... 64
- Jus de pomme au gingembre et à l'urucum ... 72


## M


- Milkshake au chocolat et aux graines de chia ... 52
- Muffins à l'amande et aux myrtilles ... 46


## P


- Panna cotta légère à la noix de coco, coulis de fraises et baies d'açaï ... 164

- Parfait aux myrtilles, baies d'açaï et baies de goji ........ 38
- Pâté végétal aux graines de tournesol et aux crudités ........ 90
- Penne au pesto de graines germées ........ 136
- Petit déjeuner à boire ........ 32
- Petit déjeuner à l'avoine et aux baies ........ 34
- Poêlée de sarrasin, gingembre, courgettes et tofu ........ 134

## R

- Raw truffes aux baies de goji et noisettes ........ 100
- Risotto au brocoli et à la spiruline ........ 144
- Rouleaux de printemps au gingembre, sauce coco-cacahuète ........ 118
- Roulés de courgette au chèvre, noix et graines germées ........ 80

## S

- Salade de chou kale, avocat, noix et canneberges 110
- Salade de fraises au gingembre ........ 162
- Salade de nectarines au thé vert, gingembre et curcuma ........ 176
- Salade de quinoa, chou kale, avocat et graines ........ 122
- Salade de riz sauvage, orange, avocat et baies de goji ........ 120
- Salade de roquette et tofu mariné à l'urucum ........ 112
- Salade de roquette, avocat, mangue, noix et gelée royale ........ 126
- Salade estivale, vinaigrette à la spiruline ........ 106
- Smoothie coco, banane, maca et gelée royale ........ 70
- Spaghettis au pesto à la spiruline et aux amandes ........ 138
- Superbarres énergétiques ........ 98
- Supersmoothie au kéfir ........ 608

## T

- Taboulé au chou kale ........ 124
- Taboulé aux agrumes, au gingembre et à la grenade ........ 116
- Tagliatelles de courgettes, pesto au chou kale ........ 147
- Tartinade aux haricots, à la courgette et à la chlorelle ........ 86
- Thé glacé à l'acérola ........ 54
- Tiramisu matcha, framboises et baies d'açaï ........ 169

## V

- Velouté de brocolis à l'amande et au sarrasin ........ 128
- Velouté de courgettes à l'ail et à la spiruline ........ 113
- Verrines de graines de chia, lait de coco et thé matcha ........ 160

## W

- Wok de protéines de soja au gingembre et aux deux poivrons ........ 156
- Wraps aux crudités et graines germées, houmous et curcuma ........ 142

# TABLE DES MATIÈRES


## Préface ........ 6

## Introduction ........ 8

## Idées de menus ........ 18

## Petit déjeuner ........ 29

- Granola à l'amande et aux baies ........ 30
- Petit déjeuner à boire ........ 32
- Petit déjeuner à l'avoine et aux baies ........ 34
- Granola au sarrasin, noix et cacao ........ 35
- Parfait aux myrtilles, baies d'açaï et baies de goji ........ 38
- Banana breadmuffins au gingembre et aux graines de chia ........ 40
- Chocolat à boire au cacao, maca et cannelle ........ 42
- Chia pudding ........ 44
- Muffins à l'amande et aux myrtilles ........ 46
- Crème Budwig aux baies ........ 48

## Boissons et smoothies ........ 51

- Milkshake au chocolat et aux graines de chia ........ 52
- Thé glacé à l'acérola ........ 54
- Green smoothie au kale et lait de chanvre ........ 56
- Cocktail rafraîchissant au concombre, citron et gingembre ........ 58
- Supersmoothie au kéfir ........ 60
- Boisson cacaotée au lait de chanvre ........ 62
- Jus d'orange au gingembre et à la grenade ........ 64
- Boisson énergisante à la poire et à l'acérola ........ 66
- Boisson rafraîchissante au citron, gingembre et klamath ........ 68
- Smoothie coco, banane, maca et gelée royale ........ 70
- Jus de pomme au gingembre et à l'urucum ........ 72
- Chocolat froid au sarrasin et à la noisette ........ 74
- Green smoothie à la pomme et au kale ........ 76

## Fingerfood et grignotage ........ 79

- Roulés de courgette au chèvre, noix et graines germées ........ 80
- Houmous à l'avocat et aux graines ........ 82
- Crème de radis à la klamath ........ 84
- Tartinade aux haricots, à la courgette et à la chlorelle ........ 86
- Cubes apéro à la tomate et à l'agar-agar ........ 88
- Pâté végétal aux graines de tournesol et aux crudités ........ 90
- Blinis au sarrasin, tartinade à l'avocat et graines de chanvre ........ 92
- Boules d'énergie ........ 94
- Carrés d'amande et de noix à l'acérola ........ 96
- Superbarres énergétiques ........ 98
- Raw truffes aux baies de goji et noisettes ........ 100
- Cookies vegan aux noix et canneberges ........ 102

## Entrées ........ 105

- Salade estivale, vinaigrette à la spiruline ........ 106
- Crème de courgettes crues au curcuma ........ 108
- Salade de chou kale, avocat, noix et canneberges ........ 110
- Salade de roquette et tofu mariné à l'urucum ........ 112
- Velouté de courgettes à l'ail et à la spiruline ........ 113
- Taboulé aux agrumes, au gingembre et à la grenade ........ 116
- Rouleaux de printemps au gingembre, sauce coco-cacahuète ........ 118
- Salade de riz sauvage, orange, avocat et baies de goji ........ 120
- Salade de quinoa, chou kale, avocat et graines ........ 122

- Taboulé au chou kale ........ 124
- Salade de roquette, avocat, mangue, noix et gelée royale ........ 126
- Velouté de brocolis à l'amande et au sarrasin ........ 128
- Glace façon tzatziki au gingembre et à la chlorelle ........ 130

## Plats ........ 132

- Poêlée de sarrasin, gingembre, courgettes et tofu ........ 134
- Penne au pesto de graines germées ........ 136
- Spaghettis au pesto à la spiruline et aux amandes ........ 138
- Cake au brocoli, roquefort et noix ........ 140
- Wraps aux crudités et graines germées, houmous et curcuma ........ 142
- Risotto au brocoli et à la spiruline ........ 144
- Chutney de mangue à l'acérola ........ 146
- Tagliatelles de courgettes, pesto au chou kale ........ 147
- Croquettes de brocoli et parmesan, sauce ail et curcuma ........ 150
- Écrasée de pommes de terre au brocoli, ail et curcuma ........ 152
- Boulettes de sarrasin au comté, sauce tomate, curcuma et gingembre ........ 154
- Wok de protéines de soja au gingembre et aux deux poivrons ........ 156

## Desserts ........ 158

- Verrines de graines de chia, lait de coco et thé matcha ........ 160
- Salade de fraises au gingembre ........ 162
- Panna cotta légère à la noix de coco, coulis de fraises et baies d'açaï ........ 164
- Crèmes au chocolat et au maca ........ 166
- Tiramisu matcha, framboises et baies d'açaï ........ 169
- Fondant au chocolat, gingembre et acérola ........ 168
- Glace à la banane, baies de goji et baies d'açaï ........ 172
- Compote de fruits à la chlorelle ........ 174
- Salade de nectarines au thé vert, gingembre et curcuma ........ 176
- Glace au lait d'amande et au thé matcha ........ 178

## Index des ingrédients ........ 182

## Tables des recettes ........ 186

## Table des matières ........ 188

# DANS LA MÊME COLLECTION

## FAIT MAISON

Grandes tablées (10/15/20 à table)
Grands classiques sucrés
Plats préparés à l'avance
Salades
Wok
Barbecue et plancha
Confitures, gelées et marmelades
Apéros
Sans lactose
Vegan
Graines, céréales et légumineuses
Sans Gluten
Chocolat
Gâteaux
Pasta
Sauces, chutney et marinades
Cocottes et mijotés
Pizzas, quiches et cakes
Tartes
Bocaux, compotes et confitures
Gratins et tians
Glaces, sorbets et granités
Soupes et veloutés
Foie gras et terrines
Classiques d'hier et aujourd'hui
Enfants : mon premier livre de cuisine
Apéros Dînatoires
Biscuits et petits gâteaux
La petite crèmerie
Cocktails, jus et liqueurs
Gâteaux de maman
Fêtes Maison
Recettes pour bébés (0-3 ans)
Macarons & Meringues
Poissons & fruits de mer
Pains & viennoiseries
Étudiants

## FAIT MAISON D'AILLEURS

Maroc
Asie
Thaïlande
Italie
États-Unis
Amérique du Sud
Enfants : mon premier livre de cuisine, recettes du monde
Inde
Cuisine Créole
Grèce
Espagne
Vietnam
Japon
Liban

## FAIT MAISON FRANCE

Recettes Ch'tis
Provence
Bretagne

## FAIT MAISON BON ET SAIN

Détox
Superaliments
Végétarien
Sans sel
Pâtisserie autrement (sans gluten, sans œufs, sans sucre, sans lactose)
Desserts sans sucre

## REMERCIEMENTS

Merci à ma famille et à mes amis qui ont accepté de goûter mes recettes.
Merci à Julien de s'être laissé super-alimenter durant la réalisation de ce livre.
Merci à Juliette, grâce à qui faire ce livre a été un véritable plaisir.

**Clémence Roquefort**



**Direction :** Catherine Saunier-Talec
**Responsable éditoriale :** Céline Le Lamer
**Responsable de projet :** Juliette Spiteri
**Responsable artistique :** Antoine Béon
**Conception intérieure :** Minsk
**Réalisation intérieure :** Les Paoistes
**Révision :** Mireille Touret
**Fabrication :** Amélie Latsch
**Responsable partenariats :** Sophie Morier (smorier@hachette-livre.fr)

Dépôt légal : janvier 2016
25-5777-4/01
ISBN : 978-2-01-171371-1
Impression : L.E.G.O. spa, Italie